AF313089

COLLECTION

WATELIN

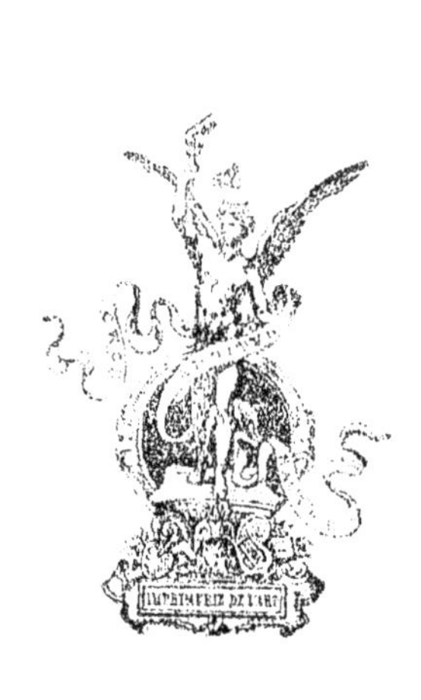

CATALOGUE

DES

OBJETS D'ART

ET DE CURIOSITÉ

Faïences italiennes et françaises; Émaux de Limoges
Sculptures en ivoire et en bois; Tabatières; Bijoux; Orfèvrerie
Pierres gravées; Cristaux de roche; Miniatures

PORCELAINES ANCIENNES DE VINCENNES ET DE SÈVRES

Telles que : Vases, Tasses, Écuelles, Assiettes, etc.
Anciennes Porcelaines de Chine, du Japon et autres

Bronzes d'art et d'ameublement; Colonnes et Vases en granit

Cheminée en pierre d'Istrie
Grand Lit, de style gothique, en bois sculpté
Huit beaux Fauteuils couverts en tapisserie du temps de Louis XV
Petite Tapisserie Renaissance, tissée d'argent

TABLEAUX ANCIENS ET MODERNES

Par Lucas Cranach, Holbein, De Marne, Isabey, Diaz, Fromentin, etc.

Le tout provenant de la Collection Watelin

ET DONT LA VENTE AURA LIEU

HOTEL DROUOT, SALLE N⁰ 8

Les Lundi 9, Mardi 10 et Mercredi 11 Février 1885

A DEUX HEURES

COMMISSAIRES - PRISEURS

Mᵉ LÉON TUAL	Mᵉ P. CHEVALLIER
39, rue de la Victoire, 39	10, rue Grange - Batelière, 10

EXPERTS

Pour les objets d'art :	Pour les tableaux :
M. CHARLES MANNHEIM	M. E. FÉRAL, peintre
7, rue Saint-Georges, 7	54, Faubourg-Montmartre, 54

EXPOSITIONS

PARTICULIÈRE : Le Samedi 7 Février 1885.
PUBLIQUE : Le Dimanche 8 Février 1885.

DE UNE HEURE A CINQ HEURES

CONDITIONS DE LA VENTE

Elle sera faite au comptant.

Les adjudicataires payeront *cinq pour cent* en sus des enchères.

L'exposition mettant le public à même de se rendre compte de l'état des objets, il ne sera admis aucune réclamation une fois l'adjudication prononcée.

Paris. — Imp. de l'Art. E. Ménard et J. Augry
41, rue de la Victoire, 41

ORDRE DES VACATIONS

Le Lundi 9 Février 1885.

Le Mardi 10 Février 1885.

Le Mercredi 11 Février 1885.

N. B. — *L'ordre numérique ne sera pas suivi. La vacation du lundi 9 février commencera par les tableaux.*

LA

COLLECTION WATELIN

La collection d'œuvres d'art de diverses natures,
tableaux, porcelaines, faïences, etc., dont la dési-
gnation se trouve dans les pages qui suivent, a été
rassemblée, il y a bien longtemps déjà, par un de
ces hommes au goût sûr et délicat, qui, bien
qu'absorbé souvent par les préoccupations des
affaires, n'en a pas moins poursuivi, pendant la
plus grande partie de sa longue existence et avec
la persévérance d'un amateur éclairé et convaincu,
la recherche de ces objets qu'il conservait avec un
soin jaloux et auxquels il a dû les plus pures
jouissances d'une vieillesse douce et honorée. Il
les aimait, non pas seulement à cause de leur
valeur artistique, de leur importance et de leur

rareté, mais aussi, et surtout, par les souvenirs qu'ils lui rappelaient.

C'est que, à l'époque où il avait commencé à collectionner, les conditions de vente et d'achat étaient loin d'être ce qu'elles sont actuellement. Les marchands de *curiosités* n'étaient pas, comme ceux d'aujourd'hui, de gros commerçants, hommes du monde instruits et lettrés, disposant de capitaux considérables et pouvant, presque du jour au lendemain, fournir à leurs riches clients des collections complètes de tout ce qu'ils peuvent désirer. C'étaient, la plupart du temps, des revendeurs, souvent même de véritables fripiers, faisant commerce de tout, habitant parfois des taudis sans nom dans lesquels il ne fallait pas avoir peur de fouiller et de fureter pour trouver quelque objet qui valût la peine d'être emporté et dont la possession se doublait alors de l'attrait d'une véritable découverte.

C'étaient souvent aussi de braves enfants de l'Auvergne qui ne voyaient dans un objet d'art que la valeur de la matière première et qui ne craignaient pas de briser les bijoux les plus précieux, les émaux les plus rares et les plus intéressants, pour en revendre au poids le métal, or ou cuivre, de même qu'ils fondaient sans scrupule les grands plats armoriés et les belles écuelles d'étain pour en refaire des cuillers. En céramique, ils n'attachaient guère de valeur qu'au vieux Sèvres « à la bonne pâte molle », ainsi que le disait l'un d'eux avec conviction.

Les magasins d'antiquités, tels que nous les connaissons aujourd'hui, n'existaient pas alors, et, vers 1845, un négociant ayant imaginé d'établir au coin du boulevard et de la rue Caumartin une superbe boutique remplie de meubles des XVIIe et XVIIIe siècles, de vieilles porcelaines de Chine, d'anciens bronzes, d'ivoires, etc., ne réussit pas et dut bientôt fermer son magasin. Plus récemment même, chez un des plus fameux marchands de curiosités, Couvreur, entre les mains duquel sont passées tant et de si jolies choses, c'était un fouillis inextricable d'objets de toute sorte au milieu desquels le marchand lui-même pouvait à peine se reconnaître. On raconte qu'un jour lord Palmerston, envoyé par un de ses amis, entra chez lui, demandant à visiter ses galeries. — « Mes galeries : eh ben ! mais, les voilà ! » dit Couvreur avec son air bonhomme. Lord Palmerston jeta un regard et s'enfuit épouvanté.

C'était vraiment alors l'âge d'or pour les collectionneurs; nous avons sous les yeux des factures datées de 1847 sur lesquelles nous relevons des prix qui font rêver.

Un marchand de la rue Notre-Dame des Victoires, *Louis Capet*, — qui se prétendait d'origine royale et qui n'entendait pas raillerie sur ce sujet, — vendait « un émail, sujet : *ange*..., 5 fr. », et « une belle tapisserie des Gobelins..., 60 fr. ». *Gansberg*, boulevard des Capucines, facturait « un émail italien, cadre en bois sculpté et doré, le tout de la Renaissance..., 120 francs. » Et le reste à l'avenant.

C'est à cette bienheureuse époque que fut formée en grande partie la collection qui nous occupe aujourd'hui, collection connue seulement d'un petit nombre d'amis intimes et qui, bien que n'ayant pas, dans le monde spécial des amateurs, la notoriété de beaucoup d'autres, souvent moins importantes, n'en contient pas moins, surtout dans le domaine de la céramique, et, notamment, dans les porcelaines tendres de Sèvres, des œuvres d'un intérêt considérable et des pièces de premier ordre.

Édouard Garnier.

15 janvier 1885.

DÉSIGNATION DES OBJETS

ÉMAUX DE LIMOGES

1 — Grande plaque ronde légèrement bombée, peinte
en grisaille, chairs teintées sur fond noir, et attribuée à LÉONARD LIMOUSIN.

Elle représente Marc Aurèle, d'après la
célèbre statue équestre qui décore la place du
Capitole, à Rome.

Diamètre, sans le cadre carré, 26 cent.

2 — Coffret oblong en cuivre doré avec colonnettes
aux angles, offrant, sur chacune de ses faces et
sur le couvercle, une plaque rectangulaire peinte
en grisaille, chairs teintées sur fond noir.
XVIᵉ siècle.

La plaque du couvercle représente deux cava-
liers poursuivant un lion. Celle de la face anté-

rieure, trois hommes nus armés de massues et combattant des lions.

Celles des faces latérales, divers animaux dans des paysages, et enfin la plaque de la face postérieure représente Adam et Ève dans le paradis.

Haut., 14 cent.; long., 23 cent.; larg., 125 millim.

3 — Diptyque peint en émaux de couleur avec rehauts de dorure. XVIe siècle.

La plaque de gauche représente le Christ en croix entre les deux larrons et la plaque de droite une *Pieta*. Le Christ mort, soutenu par saint Jean, est couché aux pieds de la Madeleine.

Les encadrements se composent de trophées, de rinceaux et de feuillages, exécutés en camaïeu bleu sur fond gros bleu.

La monture en bois noir est rehaussée de moulures dorées.

Haut., 38 cent.; largeur totale, 65 cent.

4 — Plaque rectangulaire en hauteur, peinte en émaux de couleurs par JEAN II PÉNICAUD.

Elle représente le Christ en croix entre saint Jean et Madeleine. Au pied de la croix se trouve un écusson armorié, ainsi qu'un saint personnage en prière.

Les initiales I. P. de l'artiste se voient au bas,

à droite, et on aperçoit au revers le poinçon des Pénicaud frappé dans le métal.

Haut., 205 millim.; larg., 155 millim.

5 — Plaque ovale légèrement bombée, peinte en émaux de couleurs. xvi⁰ siècle.

Elle représente la Foi, figurée par une femme debout dans un paysage et tenant la croix de ses deux mains.

Haut.. 20 cent.; larg., 15 cent.

6 — Assiette peinte en grisaille, chairs teintées sur fond noir avec rehauts d'or, attribuée à Pierre Pénicaud.

Au fond, Amphitrite et l'Amour. Au marli, ornements en camaïeu d'or.

Diam., 165 millim.

7 — Plaque rectangulaire en hauteur, peinte en grisaille, chairs teintées avec rehauts de vert et d'or. xvi⁰ siècle.

Elle représente le sujet de l'Adoration des Rois Mages.

Haut., 110 millim.; larg., 85 millim.

8 — Plaque rectangulaire légèrement bombée.

Peinture en émaux de couleurs et à paillons, sur fond bleu, attribuée à Léonard Limousin.

Buste de femme de trois quarts à gauche, présumé être le portrait de Claude de France.

Haut., 315 millim.; larg., 255 millim.

9 — Plaque rectangulaire légèrement bombée. Peinture en émaux de couleurs sur fond bleu, attribuée à Léonard Limousin.

Buste d'homme barbu, coiffé d'un bonnet garni d'un chaton simulant une pierre précieuse.

Le champ porte le nom d'VLISSES.

Hauteur, sans le cadre, 31 cent.; larg., 26 cent.

10 — Douze plaques rectangulaires peintes en grisaille sur fond noir, de la fin du xvie siècle. Chacune d'elles présente dans un médaillon ovale un des empereurs romains.

Elles sont montées dans un cadre en bois noir à moulures dorées.

Hauteur de chaque plaque, 10 cent.
Largeur de chaque plaque, 7 cent.

11 — Petite coupe ronde, forme dite tasse à vin, par Jean Laudin.

Au fond, saint personnage vu à mi-corps et peint en émaux de couleur. Au pourtour inté-

rieur et extérieur, rinceaux en grisaille sur fond
noir, avec rehauts de dorure. Le fond extérieur
est décoré d'un paysage avec habitation en couleur.

Diam., 14 cent.; haut., 4 cent.

12 — Plaque rectangulaire en hauteur, peinte en
grisaille sur fond noir, par JEAN LAUDIN.

Elle représente la Vierge assise, tenant près
d'elle l'Enfant Jésus debout.

Haut., 15 cent.; larg., 12 cent.

FAIENCES ITALIENNES

13 — Coupe ronde sur pied bas, décorée en plein du
buste de Raphael de trois quarts à droite, se
détachant sur fond bleu. Émail très brillant.

On lit au revers :

*Raphael Sanctius Joannis filius Urbinas Pictor
eminentissimus veterum æmulus.*

Diam., 27 cent.

14 — Petit plat creux à large marli, décoré en plein
d'un paysage avec des habitations; au premier
plan, un homme jouant de la vielle; à la partie

supérieure, un écu aux armes du cardinal
Hadriano (sous le pontificat d'Innocent VIII,
1492-1518). Urbino.

Diam., 27 cent.

15 — Un autre, plus petit, décoré d'un paysage et
portant les mêmes armoiries.

Diam., 235 millim.

16 — Petit plat à décor plein : paysage avec archi-
tecture; sur le devant, Apollon et Marsyas.
Urbino.

Cadre en bois noir et or.

Diam., 27 cent.

17 — Petit plat creux, forme dite *cuppa amatoria*, à
large marli, décoré en plein d'un paysage avec
sujets mythologiques et un écu aux armes des
Strozzi. Urbino.

Diam., 26 cent.

18 — Plat faisant pendant à celui qui précède et
représentant Apollon et le dieu Pan devant
Midas.

Diam., 26 cent.

19 — Plaque rectangulaire, station d'un chemin de croix : le Christ marchant et portant la croix, entouré de soldats. Au-dessous : *Statio secunda.* Urbino. XVIIe siècle.

Cadre en bois doré.

Haut., 44 cent.

20 — Plat rond décoré au centre d'une figure d'amour debout dans un paysage. A la chute, trophées d'instruments de musique et de mascarons. Au marli, fruits, branchages et feuillages en couleur sur fond bleu.

Diamètre, sans le cadre doré, 24 cent.

21 — Petit plat à large marli et décor plein représentant un paysage avec une scène de massacre. En dessous, une inscription :

...fatto in Pesaro 1542, in bottega di mestro Gironimo Vasaro. I. P.

Cadre en bois noir.

Diam., 26 cent.

22 — Grand plat rond décoré en plein et représentant une scène de triomphe.

Diamètre, sans le cadre, 47 cent.

23 — Deux petits plats longs à bord festonné, décorés sur le marli de quatre bouquets ; au fond, des armoiries dans un cartouche surmontées d'une couronne fermée et entourées de drapeaux et attributs guerriers. Faïence de Milan.

Long., 28 cent.

24 — Deux assiettes du même service.

Diam., 235 millim.

FAIENCES FRANÇAISES

25 — Plateau ovale à piédouche et bord évasé à godrons et dentelures, émaillé en bleu ; au fond, *la Femme adultère*. Suite de Palissy.

Long., 35 cent.

26 — Deux coupes à piédouche et bord festonné, à rosace centrale autour de laquelle rayonnent six mascarons entourés de rinceaux et de draperies. Suite de Palissy.

Diam., 23 cent.

27 — Plat ovale représentant le sujet du baptême du Christ par saint Jean. Le bord à fond bleu est rehaussé de sequins émaillés blanc. Suite de Palissy.

Long., 27 cent.; larg., 21 cent.

28 — Surtout oblong, à bords contournés, élevé sur six pieds, décoré, dans le style de Bérain, en bleu ; au centre, médaillon rectangulaire, arrondi aux extrémités, contenant un paysage où l'on voit Apollon représenté par un enfant, sur un char traîné par des dragons, au milieu des nuages ; au-dessous du médaillon, une armoirie d'alliance surmontée d'une couronne ducale (Richelieu-Guise). Faïence de Moustiers.

Long., 53 cent.

29 — Plateau oblong à angles coupés, à décor polychrome, lambrequins, guirlandes de fleurs, draperies et corbeille au centre. Faïence de Rouen.

Long., 55 cent.; larg., 38 cent.

SCULPTURES EN IVOIRE

30 — Plaque de reliure de forme rectangulaire, représentant en bas-relief le Lavement des pieds. Travail du Liban. XIIe siècle.

Haut., 17 cent.; larg., 14 cent.

31 — Plaque de reliure de forme analogue, représentant en bas-relief le Christ en croix entre saint Jean et Madeleine. Travail du XIIIe siècle.

Haut., 135 millim.; larg., 107 millim.

32 — Petite plaque rectangulaire en hauteur, représentant en bas-relief la Vierge debout portant l'Enfant Jésus, entre deux anges debout tenant des flambeaux.

Haut., 90 millim.; larg., 52 millim.

33 — Deux cadres ronds contenant des bas-reliefs représentant, l'un, l'Adoration des bergers, et l'autre, une *Pieta*. xviie siècle.

Diam., 65 millim.

34 — Statuette : l'Enfant Jésus assis sur une tête de mort. Travail du xviie siècle.

Haut., 165 millim.

35 — Statuette : Saint personnage debout, vêtu d'un riche costume et tenant un encensoir. Travail du xviie siècle.

Hauteur, sans le socle en bois noir, 22 cent.

36 — Triptyque offrant en bas-relief le sujet du Triomphe de la religion. Travail moderne.

Haut., 203 millim.; largeur totale, 130 millim.

SCULPTURES DIVERSES

37 — Bois. — Statuette : Saint Jean debout, vêtu de long. xviie siècle.

Haut., 26 cent.

38 — Bois. — Groupe : la Vierge debout, vêtue de long, portant l'Enfant Jésus debout sur son bras gauche. xviie siècle.

Haut., 165 millim.

39 — Bois. — Groupe : la Vierge debout, vêtue de long, portant l'Enfant Jésus de ses deux bras. xviie siècle.

Haut., 49 cent.

40 — Corne de cerf. — Bas-relief oblong représentant des Cerfs sous bois. Travail suisse moderne.

Larg., 135 millim.

41 — Marbre blanc. — Buste d'homme barbu, la tête tournée de trois quarts à gauche.

La chlamyde et le piédouche sont en marbre de couleur. Italie, xvie siècle.

Hauteur totale, 45 cent.

42 — Pierre. — Groupe : Sainte Clotilde debout accompagnée de deux enfants. xviie siècle.

Haut., 95 cent.

TABATIÈRES ET BIJOUX

43 — Boîte ovale en or de couleur guilloché, à mille raies, et cordons et pilastres finement ciselés à ornements. Époque Louis XVI.

Larg., 65 millim.

44 — Boîte ronde en agate rougeâtre, évidée d'épaisseur et montée à gorge à charnière en or de couleur ciselé.

Diam., 75 millim.

45 — Boîte ovale en or gravé à rosaces et quadrillages sur fond bleu clair. Le dessus représente un sujet tiré de l'histoire de Télémaque, peint sur émail et entouré d'un rang de demi-perles. Travail de Genève du temps de Louis XVI.

Larg., 75 millim.

46 — Boîte oblongue à angles coupés, en or guilloché et émaillé bleu, avec cordons gravés et

émaillés noir. Le dessus est orné d'une peinture
ovale sur émail, représentant une scène tirée de
l'histoire romaine. Mêmes travail et époque.

Larg., 85 millim.

47 — Boîte oblongue à pans en or gravé et guilloché.
Le dessus est orné d'un fixé de forme ronde, par
Horace Vernet, représentant un vieux grognard.

Larg., 80 millim.

48 — Navette en acier ciselé à palmettes, branches
de feuillages, insectes et ornements se détachant
en relief sur fond d'or. Travail français du temps
de Louis XV.

Long., 15 cent.

49 — Deux pendants d'oreilles formés chacun de
deux coques de perles entourées de marcassites.

50 — Broche d'or gravé enrichie d'une peinture sur
émail, du temps de Louis XVI, représentant la
Charité figurée par une femme assise et deux
enfants.

51 — Broche d'or gravé, encadrant un émail moderne
représentant une bergère.

52 — Émail rond à fond bleu, provenant d'une montre et représentant une figure allégorique ailée. Travail du temps du Directoire.

53 — Croix de cou en cristal de roche, avec tige inférieure simulant un poignard et branches découpées et taillées à biseaux.

54 — Dix-huit boutons en filigrane d'argent dont six gros et douze moyens. Travail espagnol.

55 — Deux croix d'ordre émaillées.

ORFÈVRERIE

56 — Gobelet en argent, doré à l'intérieur et couvert de pièces de monnaies allemandes incrustées. Travail allemand du xviie siècle.

Haut., 9 cent.

57 — Soupière oblongue, du temps de Louis XV, en argent, avec bouton formé de légumes.

Larg., 35 cent.

58 — Deux pièces : porte-huilier et confiturier en argent repoussé à ornements rocaille et feuillages. Les godets du confiturier sont garnis de couvercles. Travail hollandais du temps de Louis XV.

Largeur des plateaux, 24 cent.

59 — Moutardier en argent, du temps de Louis XVI, orné au pourtour de consoles découpées et de festons de feuilles de chêne. L'intérieur est en verre bleu.

Haut., 125 millim.

60 — Deux flambeaux en argent, formés chacun d'une colonnette corinthienne sur base carrée ornée. Travail anglais du temps de Louis XVI.

Haut., 28 cent.

61 — Tasse à vin en argent repoussé. Elle offre au fond une médaille d'argent de *Bonaparte, premier consul de la République française*, qui porte au revers l'inscription suivante : « Prix décerné par la Société d'agriculture de Rodez à J. Boit, 1833. » La tasse porte le nom gravé de : A. GUIZOT.

Diam., 85 millim.

62 — Couvert composé de trois pièces en argent ciselé, doré en partie, à manches ornés de figures allégoriques en relief.

Long., 19 cent.

63 — Moutardier en argent estampé, à ornements découpés à jour et avec intérieur en verre bleu.

Haut., 10 cent.

PIERRES GRAVÉES

64 — CALCÉDOINE. — Camée sans fond représentant un buste d'enfant de trois quarts à droite. XVIe siècle.

Haut., 45 millim.

65 — CALCÉDOINE A DEUX COUCHES. — Camée du XVIe siècle, représentant un buste d'abondance. Il est monté en bague d'or.

66 — CALCÉDOINE A DEUX COUCHES. — Camée du XVIe siècle, représentant un buste de femme de profil à gauche, en riche costume du temps. Il est monté en bague d'or avec entourage de grenats.

67 — AGATE A DEUX COUCHES. — Camée monté en épingle d'or. Tête de femme de profil à droite.

68 — CORNALINE. — Camée ovale. Tête du dieu Mars, casqué de profil à gauche.

69 — AGATE A DEUX COUCHES. — Camée ovale, tête de femme de profil à gauche. Il est monté en médaillon en or émaillé.

70 — AGATE A DEUX COUCHES. — Trois petits camées ovales représentant un buste de profil sur fond noir, une jeune fille, vue à mi-corps, et un Amour portant la peau du lion.

71 — CORNALINE. — Intaille signée PIKLER et représentant un buste de femme de profil à gauche. Elle est montée en bague tournante en or.

72 — AGATE ROUGEATRE. — Intaille ovale représentant une tête de profil casquée. Elle est montée en épingle de cravate en or.

CRISTAUX DE ROCHE

73 — Cristal de roche. — Vase non monté, composé d'un gobelet évasé, d'un couvercle bombé et d'un pied à nœud, le tout taillé à pans.

Hauteur de la panse, 10 cent.

74 — Cristal de roche. — Deux pièces : petit plateau ovale uni et petite boule de lustre.

Largeur du plateau, 145 millim.
Diamètre de la boule, 45 millim.

75 — Cristal de roche. — Deux petits vases, l'un d'eux ovoïde avec couvercle plat, l'autre ovoïde à côtes et à une anse.

Haut., 5 et 7 cent.

76 — Cristal de roche. — Petit vase non monté, à panse évasée, gravée à feuillages et à culot taillé à côtes. La panse date du xvie siècle.

Haut., 125 millim.

77 — Cristal de roche. — Quatre plaques en forme de trapèze, très finement gravées en creux.
Chacune d'elles est décorée d'une cariatide

ailée s'échappant de rinceaux élégants. Travail italien du xvie siècle.

Haut., 75 millim.; largeur moyenne, 125 millim.

MINIATURES ET ÉMAUX

78 — Miniature ovale sur ivoire, signée AUGUSTIN. Jeune femme vue à mi-corps, le sein en partie découvert.

Haut., 75 millim.; larg., 57 millim.

79 — Miniature rectangulaire en hauteur sur vélin, attribuée à VAN ORLEY : Flore assise tenant une couronne de fleurs. Fond composé d'un monument avec arbustes et fontaine sur la droite.

Haut., 135 millim.; larg., 1 mètre.

80 — Miniature ovale sur ivoire : Portrait de Napoléon Ier par J. Parant, 1815.

Haut., 60 millim.; larg., 45 millim.

81 — Miniature rectangulaire d'après Charlier : Jeune femme couchée sur un lit de repos. Cadre en bois doré.

Hauteur sans cadre, 56 millim.; larg., 75 millim.

82 — Petite miniature ovale sur ivoire : Portrait de jeune femme représentée avec les attributs de Ganymède. Cadre à réverbère en or gravé.

Haut., 46 millim.; larg., 36 millim.

83 — Miniature ovale sur ivoire : Portrait d'homme portant le costume hollandais du xviie siècle. Cadre en cuivre doré.

Hauteur sans cadre, 52 millim.

84 — Petite miniature rectangulaire sur ivoire, par Isabey : Portrait d'enfant dans un cadre en or émaillé appliqué sur bois.

Haut., 5 cent.; larg., 35 millim.

85 — Médaillon ovale peint sur émail, représentant un groupe de trois enfants en grisaille sur fond rose. Époque Louis XVI.

86 — Médaillon ovale peint sur émail, représentant un groupe de deux personnages. Époque Louis XVI.

87 — Deux petits médaillons ovales peints sur émail : sujet champêtre à deux personnages et corbeille de fleurs.

OBJETS VARIÉS

88 — Buire de forme antique et son plat en cuivre rouge repoussé à couronnes de feuillages, entrelacs, oiseaux et ornements variés, et portant un écusson armorié partie de la famille des Chiggi. Italie, xvie siècle.

> Hauteur de l'aiguière, 32 cent.
> Diamètre du plat, 46 cent.

89 — Deux flambeaux en cuivre, couverts d'ornements finement gravés. Travail vénitien de style arabe.

> Haut., 21 cent.

90 — Deux vases de jardin à deux anses en fonte de fer. Époque Louis XIV.

> Haut., 60 cent.

91 — Navette à encens en cuivre doré, ornée de deux médaillons en cuivre champlevé et émaillé à fond bleu, dont l'un, représentant un ange agenouillé, date du xiiie siècle.

> Haut., 7 cent ; larg., 19 cent.

92 — Deux petits pistolets persans avec monture en
cuivre gravé à feuillages, canon à cannelures et
ornements gravés et batterie à pierre.

Long., 3o cent.

93 — Amorçoir sans monture, en corne de cerf,
sculpté en bas-relief représentant le sujet de la
chute des Titans. XVIe siècle.

Haut., 14 cent.

94 — Poire à poudre en peau de requin, garnie en
argent. Travail moderne.

Haut., 14 cent.

95 — Verre à coupe évasée à culot repoussé à bos-
sages et filigrané d'émail blanc, sur pied à nœud
en cuivre doré. XVIe siècle.

Haut., 215 millim.

95 *bis.* — Ancienne mosaïque de Florence, de forme
rectangulaire, exécutée en jaspe de diverses
nuances et représentant une branche de fruits sur
laquelle repose un perroquet, ainsi que des
insectes, sur fond noir. Cadre en bois sculpté et
doré.

Hauteur totale, 45 cent.; larg., 54 cent.

96 — Mosaïque de Rome, de forme circulaire, offrant la représentation d'un vase étrusque.

Diamètre, sans le cadre en bronze doré, 19 cent.

96 *bis*. — Autre mosaïque de Rome, de forme circulaire, représentant ie buste d'Ariane en grisaille sur fond bleu.

Diam., 19 cent.

96 *ter*. — Sceptre formé d'une branche d'arbre avec feuillages et chauves-souris sculptés. Travail chinois.

Long., 34 cent.

PORCELAINES TENDRES

DE VINCENNES ET DE SÈVRES

97 — Pot-pourri à quatre pieds et corps quadrilobé, à col et couvercle ajourés ; le bouton est formé par des fleurs; fond bleu turquoise; sur chaque lobe, un médaillon décoré de fleurs, encadré de rocailles à bords dorés. Décor d'ALONCLE.

Haut., 26 cent.

98 — Saladier à bord lobé et doré; décor de bouquets de BUTEUX père.

Diam., 235 millim.

99 — Compotier à bord lobé et doré et bordure gaufrée imitant la vannerie; décor de bouquets de BARDET.

Diam., 23 cent.

100 — Quatre assiettes à bord lobé et doré de dents de loup; sur le marli, bordure gaufrée de rinceaux reliés par des branchages fleuris attachés avec des rubans. Décorateurs : BAUDOUIN, VANDE et THÉODORE.

Diam., 24 cent.

101 — Huit assiettes à bord lobé et doré, décorées
en camaïeu rose ; sur le marli, des bouquets jetés ;
au fond, un paysage avec attributs guerriers,
champêtres et pastoraux.

Diam., 24 cent.

102 — Assiette à bord lobé et doré, à bordure de
rinceaux feuillus et dentelles en or, de CHAU-
VAUX fils.

Diam., 23 cent.

103 — Deux assiettes à bord festonné et doré, décor
de bouquets.

Diam., 25 cent.

104 — Assiette à bord lobé et à torsade dorée ; marli
à gaufrages imitant la vannerie ; au fond, un paysage avec attributs guerriers, en camaïeu rose.

Diam., 23 cent.

105 — Assiette à bord lobé et doré ; marli gaufré de
rinceaux et de trois branches de groseilliers chargées de fruits, alternant avec trois bouquets
peints ; au fond, des bouquets détachés, de FON-
TAINE.

Diam., 25 cent.

3

106 — Assiette à bord lobé et doré de dents de loup ;
sur le marli, trois branches de groseillier en
relief.

Diam., 24 cent.

107 — Trois assiettes à bord lobé et doré de dents
de loup ; porcelaine blanche à gaufrages simulant les pétales d'une fleur.

Diam., 25 cent.

108 — Petite assiette à bord lobé et doré avec filet
bleu et feuille de chou gaufrée en blanc. Décor
de bouquets détachés.

Diam., 21 cent.

109 — Saucière à une anse (fracturée) formée d'un
bouquet de roseaux noué par un ruban, à bord
et pied de rocailles dorées ; décor de bouquets.

Long , 20 cent.

110 — Saucière à deux déversoirs et deux anses
doubles entre-croisées, à bords de dents de loup
dorées et de filets bleus ; décor de bouquets.

Long., 23 cent.

111 — Salière double bordée de filets bleus striés d'or ; décor de bouquets. — Décor de BULIDON.

Long., 125 millim.

112 — Tasse couverte obconique à anse double torse, décorée de paysage avec instruments de jardinage sur terrasse.

Haut., 7 cent.

113 — Petite tasse cylindrique à anse, et soucoupe, décorées de paysages avec attributs de jardinage ; le bord de la soucoupe est orné d'un quadrillage composé de feuillages dorés.

Hauteur de la tasse, 5 cent.
Diamètre de la soucoupe, 11 cent.

114 — Petite tasse cylindrique à anse, et soucoupe, à fond d'œils de perdrix ponctués de bleu et de rouge entourant des pois dorés ; au fond de la soucoupe, un paysage avec attributs champêtres.

Hauteur de la tasse, 5 cent.
Diamètre de la soucoupe, 10 cent.

115 — Tasse ovoïde à anse, et soucoupe décorée de bandes perpendiculaires alternativement décorées de deux tiges dorées parallèles sur fond rose

entre de larges filets bleu et or, et de trois rangs de hachures pourpre et or superposés.

Hauteur de la tasse, 6 cent.
Diamètre de la soucoupe, 14 cent.

116 — Tasse obconique à anse double torse à bord de dents de loup dorées, décorée de deux guirlandes de laurier.

Haut., 7 cent.

117 — Tasse campanulée à anse formée par un rinceau terminé par des palmettes, et soucoupe octogone; décor de bouquets.

Hauteur de la tasse, 8 cent.
Diamètre de la soucoupe, 13 cent.

118 — Deux tasses ovoïdes à anse, et soucoupe fond gros bleu, décorées de quadrillages en or. — Ors de THÉODORE.

Hauteur de la tasse, 6 cent.
Diamètre de la soucoupe, 135 millim.

119 — Tasse dite cul-de-poule à anse double torse, décorée de sortes de feuilles de choux formées par des hachures en camaïeu rose.

Haut., 6 cent.

120 — Petite tasse ovoïde à anse et soucoupe à bordure de dentelle d'or. Décor de Chauvaux.

121 — Tasse cylindrique à anse, et soucoupe, décorées d'une bordure de dentelle en or.

> Hauteur de la tasse, 6 cent.
> Diamètre de la soucoupe, 125 millim.

122 — Six tasses ovoïdes à anse et soucoupes, et un
sucrier à couvercle surmonté d'une fleur ; porcelaine blanche, à bord de dents de loup dorées.

> Hauteur du sucrier, 14 cent.
> Hauteur des tasses, 65 millim
> Diamètre des soucoupes, 135 millim.

123 — Petite tasse cylindrique à anse, et soucoupe,
blanches à bord de dents de loup dorées.

> Hauteur de la tasse, 45 millim.
> Diamètre de la soucoupe, 105 millim.

124 — Deux seaux à rafraîchir, à deux anses formées par des palmettes bleu et or ; décor de
bouquets. — 1753

> Haut., 175 millim.

125 — Broc à bord de dents de loup dorées ; décor
de bouquets de ROSSET. — 1753.

> Haut., 26 cent.

126 — Broc plus petit, décoré de bouquets en
camaïeu rose. — 1753.

Haut., 22 cent.

127 — Broc en porcelaine blanche, à bord de dents
de loup dorées.

Haut., 20 cent.

128 — Tasse cylindrique à anse, et soucoupe, à bord
doré de dents de loup ; décor de bouquets. —
1753. Décor de Léandre et Huny.

Hauteur de la tasse, 7 cent.
Diamètre de la soucoupe, 14 cent.

129 — Tasse cylindrique à anse, et soucoupe, à bord
doré de dents de loup ; décor de bouquets de
Taillandier. — 1753.

Hauteur de la tasse, 7 cent.
Diamètre de la soucoupe, 13 cent.

130 — Plateau oblong lobé, portant une tasse cul-
de-poule, à soucoupe lobée, et un sucrier couvert, bord à dents de loup dorées et filet bleu
coupé par des stries dorées ; décor de bouquets.
— 1754. Décor de Huny.

Longueur du plateau, 285 millim.

131 — Arrosoir cerclé de filets bleu et or ; décor de bouquets de LINSSON. — 1755.

Haut., 25 cent.

132 — Deux petites assiettes creuses, à bord doré de dents de loup, et filets bleus striés d'or ; décor de bouquets de HUNY ; sur l'une, marque inconnue (une faucille). — 1754-1755.

Diam., 205 millim.

132 *bis*. — Petite assiette creuse analogue. Marque inconnue (une clef). — 1754.

Diam., 215 millim.

133 — Tasse hémisphérique et soucoupe à cinq lobes, à bord de dents de loup dorées ; décor de bouquets. — 1755. Décor de PIERRE jeune et TANDART.

Hauteur de la tasse, 5 cent.
Diamètre de la soucoupe, 12 cent.

134 — Tasse ovoïde à anse ornemanisée, et soucoupe, fond bleu turquoise, à bordure de dentelle d'or, et médaillon réservé, encadré de branchages fleuris en or, et contenant un oiseau sur terrasse plantée d'arbrisseaux. — 1755.

Hauteur de la tasse, 5 cent.
Diamètre de la soucoupe, 12 cent.

135 — Tasse ovoïde à anse, et soucoupe fond gros
bleu, à médaillon réservé encadré de tiges
fleuries en or et contenant des oiseaux. — 1755.

Hauteur de la tasse, 6 cent.
Diamètre de la soucoupe, 14 cent.

136 — Assiettes à bord festonné et doré, avec rinceaux entre-croisés gaufrés; décor de bouquets
détachés en bleu, de BARDET. — 1755.

Diam., 24 cent.

137 — Assiette à bord lobé et doré; marli gaufré
d'imbrications et branchages; décor de bouquets
détachés de GÉNIN. — 1755.

Diam., 265 millim.

138 — Assiette à bord lobé et doré et marli gaufré
imitant la vannerie; décor de bouquets détachés,
de BARDET. — 1755.

Diam., 25 cent.

139 — Petite assiette creuse à bordure de dentelles
d'or. — 1755.

Diam., 20 cent.

140 — Huit assiettes à bord lobé et doré, avec rin-

ceaux bleus entre-croisés et terminés en palmes ;
décor de bouquets de GÉNIN, or de BIENFAIT. —
1755-1756.

Diam., 25 cent.

141 — Petit sucrier décoré de bouquets en camaïeu
rose. — 1755. Décorateur : PITHOU jeune.

Haut., 55 millim.

142 — Sucrier semblable, daté de 1757. Décorateur :
C. BERTRAND.

143 — Deux assiettes à bord festonné à feuilles de
choux gaufrées ; sur le marli, trois groupes de
fleurs ; au fond, un bouquet, de DUSOLLE. —
1756.

Diam., 26 cent.

144 — Tasse ovoïde couverte, à anse et soucoupe,
décorées d'un paysage sur terrasse avec arbrisseau portant un oiseau ; autour, des oiseaux
volant ; le bouton du couvercle est formé par
une fleur. La tasse est datée de 1761, la soucoupe de 1756. Décor d'EVANS.

Hauteur de la tasse, 7 cent.
Diamètre de la soucoupe, 14 cent.

145 — Six compotiers en forme de coquilles à bord
doré de dents de loup avec filet bleu strié d'or;
décor de bouquets de TARDY, MICHEL, BUTOUX.
— 1756, etc.

Diam., 22 cent.

146 — Compotier de même forme, bordé d'un filet
doré et de hachures bleues; décor de bouquets.
— 1779.

Diam., 22 cent.

147 — Tasse hémisphérique à anse et soucoupe, à
bord doré de dents de loup; décor de bouquets.
— 1757. Sous la tasse, monogramme de FOURÉ
et JOYAU; sous la soucoupe, marque de BER-
TRAND; ors de THÉODORE.

Hauteur de la tasse, 5 cent.
Diamètre de la soucoupe, 125 millim.

148 — Soupière ovale quadrilobée, à quatre pieds
de rocailles et branchages de chêne en relief, à
deux anses formées par des rinceaux entre-croisés
et couvercle surmonté d'un groupe d'artichauts
et poireaux peints au naturel; et plateau oblong
à bords lobés et extrémités ajourées de rocailles
et coquilles en bleu et or; bord feuille de chou
en bleu et filets d'or; décor de bouquets de

Rosset et Chulot. La soupière est datée de 1760; le plateau de 1758.

Hauteur de la soupière, 25 cent.
Longueur du plateau, 46 cent.

149 — Neuf assiettes à bord lobé et doré, avec rinceaux en relief bordés de filets bleus; décor de bouquets de Becquet et Noel. — 1758.

Diam., 255 millim.

150 — Assiette creuse à bord doré de dents de loup, et deux filets bleus striés d'or; sur le marli, ornements gaufrés alternant avec des fleurettes; décor de bouquets de Mérault aîné. -- 1758.

Diam., 245 millim.

151 — Petit plateau carré, à bord relevé composé d'une poste ajourée, décoré de quadrillages gros bleu et or dans les intervalles desquels sont des roses variées de couleurs. — 1758. Monogramme inconnu.

Diam., 15 cent.

152 —. Plateau oblong, à bord lobé et doré de dents de loup, accompagné d'un filet bleu strié d'or. Décor de bouquets de Fritsch. -- 1758.

Long., 29 cent.

153 — Plateau de même forme, bordé d'un filet doré
et décoré de bouquets par Vavasseur. — 1759.

Long., 275 millim.

154 — Soucoupe fond gros bleu, à bord de dents de
loup dorées et médaillon central en réserve
encadré de fleurs et rinceaux en or, et contenant un paysage sur terrasse. — 1758. Monogramme inconnu.

Diam., 14 cent.

155 — Compotier, à bord lobé et doré avec filet
bleu strié d'or ; décor de bouquets. — 1759.

Diam., 23 cent.

156 — Très grande tasse cylindrique et soucoupe à
bord de dents de loup en or ; décor de bouquets
semés. La tasse porte la date de 1761 et le monogramme de Barre ; la soucoupe, la date de 1759
et la marque de Fontaine.

Hauteur de la tasse, 12 cent.
Diamètre de la soucoupe, 195 millim.

157 — Écuelle hémisphérique à couvercle surmonté
d'une poignée formée par une branche de laurier
chargée de fruits dorés, et deux anses doubles

torses, sur son plateau à bord lobé. Décor de bouquets semés. — 1761. Décor de Fontaine.

Diamètre de l'écuelle, 145 millim.
Diamètre du plateau, 21 cent.

158 — Écuelle analogue plus petite.

Diamètre de l'écuelle, 13 cent.
Diamètre du plateau, 20 cent.

159 — Petite tasse cylindrique à anse en S, et soucoupe à bordure de dents de loup en or, décorées en bleu de guirlandes de roses s'enroulant autour d'un filet. — 1761. Décorateur : Catrice.

Hauteur de la tasse, 5 cent.
Diamètre de la soucoupe, 95 millim.

160 — Pot à lait à trois pieds, à bord de dents de loup dorées. Décor de bouquets. — 1763. Marque de décorateur indistincte.

Haut., 10 cent.

161 — Deux plateaux à trois pans et six lobes à bordure de feuille de chou bleu et or. Décor de bouquets de Binet et Levet. — 1763-1764.

Diam., 21 cent.

162 — Plateau à trois pans à angles arrondis, et bords lobés et dorés de dents de loup. Décor de bouquets, ors de FONTELLIAU.

> Diam., 205 millim.

163 — Théière ovoïde à couvercle surmonté d'une fleur. Décor de bouquets. — 1764. Monogramme de décorateur inconnu. (V.)

> Haut., 11 cent.

164 — Tasse ovoïde à anse, à bord doré de dents de loup; à décor de guirlandes rattachées par un anneau d'or à un filet bleu. Décor de CATRICE. — 1764.

> Haut., 65 millim.

165 — Tasse ovoïde à anse, et soucoupe, à décor de colonnades en rouge carminé, entourées d'un filet d'or en spirale, supportant des arcades gros bleu à ornements dorés entre lesquelles pendent des guirlandes de feuillages. 1764. — Décorateur: CAPELLE.

> Hauteur de la tasse, 7 cent.
> Diamètre de la soucoupe, 135 millim.

166 — Théière du même service décorée par THÉVENET.

> Haut., 10 cent.

167 — Petite tasse cylindrique à anse, et soucoupe,
à bords de dents de loup dorées ; décor de bouquets semés ; la tasse est datée de 1777 et porte
la marque de THÉODORE et un V ; la soucoupe
est datée de 1765 et porte un monogramme
inconnu. (P. Q.)

Hauteur de la tasse, 45 millim.
Diamètre de la soucoupe, 11 cent.

168 — Écuelle à deux anses doubles torses, sur un
plateau oblong à quatre lobes, fond d'œils de
perdrix ponctués en or, rouge et vert, coupé par
une large bande lobée fond bleu, à réserve décorée de guirlandes de fleurs et feuillages alternant. — 1675.

Diamètre de l'écuelle, 105 millim.
Longueur du plateau. 185 millim.

169 — Tasse trembleuse à anse double entrelacée, et
soucoupe, fond bleu turquoise, à bordure d'or
composée d'un filet autour duquel s'enroule une
guirlande de feuillage, interrompue par deux
médaillons ovales en réserve, contenant des
oiseaux sur terrasse avec arbrisseaux et fleurs. —
1766.

Hauteur de la tasse, 9 cent.
Diamètre de la soucoupe. 15 cent.

170 — Quatre compotiers carrés à angles arrondis, bordés d'un filet doré accompagné d'un filet bleu strié d'or. Décor de bouquets de BERTRAND. — 1766-1771.

Diam., 21 cent.

171 — Saucière à anse torse fond gros bleu, à médaillon contenant un sujet pastoral. — 1767. Décor de MORIN.

Long., 27 cent.

172 — Sucrier à couvercle surmonté d'une fleur. Décor de bouquets de FRITSCH. — 1767.

Haut., 7 cent.

173 — Tasse cylindrique à anse, et soucoupe, décorées de roses semées sur un fond pointillé bleu. — 1767. Monogramme de décorateur inconnu.

Hauteur de la tasse, 6 cent.
Diamètre de la soucoupe, 13 cent.

174 — Tasse cylindrique à anse, et soucoupe, à fond semé de pois d'or et d'œils de perdrix en bleu et rouge. Médaillon en réserve décoré d'un paysage. — 1768. Décorateur : BUTEUX père.

Hauteur de la tasse, 79 millim.
Diamètre de la soucoupe, 144 millim.

175 — Tasse cylindrique à anse, et soucoupe, à bord
doré à dents de loup, décorées de médaillons
circulaires encadrés de guirlandes de feuillage
dorées et contenant une rose. — 1768. Décorateur : NOEL.

Hauteur de la tasse, 6 cent.
Diamètre de la soucoupe, 12 cent.

176 — Trois tasses ovoïdes à anse, sans soucoupes, à
large bordure à pois dorés à œils de perdrix
pointillés en ocre et bleu, coupée par deux réserves
contenant des roses. Au-dessous, des roses
semées. Sous l'une, la date de 1768. Marque de
décorateur inconnue (une virgule).

Haut.. 6 cent.

177 — Petite tasse cylindrique à anse en S, et soucoupe, bordées d'un filet d'or ; bordure de feuillages d'or entre un fond bleu pointillé et un rang
de dentelures formées par des hachures ; à la
base, une guirlande de fleurs en bleu. — 1768.

Hauteur de la tasse, 45 millim.
Diamètre de la soucoupe, 105 millim.

178 — Écuelle couverte à deux anses doubles torses,
et son plateau oblong, bordés d'un large filet
bleu autour duquel s'enroulent des feuillages

4

d'or ; au-dessous, des guirlandes de laurier entre
croisées autour de médaillons à léger encadrement doré et contenant une couronne de roses,
entourant un fond pointillé d'or. — 1769.

> Diamètre de l'écuelle, 11 cent.
> Diamètre du plateau, 185 millim.

179 — Tasse trembleuse couverte à deux anses doubles
torses entrelacées, et soucoupe, à large bordure
gros bleu décorée de rinceaux réservés en blanc et
bordés de filets d'or et accompagnée de guirlandes de fleurs polychromes entrelacées.

Cette pièce est décorée par FALOT ; une pièce
analogue donne la date de 1769.

> Hauteur de la tasse, 9 cent.
> Diamètre de la soucoupe, 155 millim.

180 — Écuelle hémisphérique à couvercle surmonté
d'une poignée dorée en forme de branche de laurier chargée de fruits, et deux anses doubles torses,
sur son plateau à bord lobé. Décor d'oiseaux
perchés sur des arbrisseaux. — 1770. Décor de
CHAPUIS.

> Diamètre de l'écuelle, 13 cent.
> Diamètre du plateau, 20 cent.

181 — Écuelle à deux anses doubles enlacées et
couvercle à poignée formée par une branche de

laurier, et plateau oblong; bord doré de dents de
loup accompagnées d'un filet bleu. — 1770.
Décor de RAUX.

Diamètre de l'écuelle, 13 cent.
Longueur du plateau, 225 millim.

182 — Petite tasse cylindrique à anse, et soucoupe,
bordées d'un filet doré formant des arcades sous
lesquelles s'enroulent des guirlandes de feuillages
terminées à une extrémité par une grosse rose et
à l'autre par des ornements dorés d'où s'échappe
une tige de fleurs bleues. — 1770.

Hauteur de la tasse, 45 millim.
Diamètre de la soucoupe, 105 millim.

183 — Tasse cylindrique à anse, et soucoupe, fond
rose à œils de perdrix ponctués en bleu. Médaillon en réserve contenant un paysage. — 1771.
Décorateur : MUTEL.

Hauteur de la tasse, 7 cent.
Diamètre de la soucoupe, 135 millim.

184 — Tasse cylindrique à anse, fond gros bleu, à
médaillon réservé, encadré de palmes et fleurettes
dorées et contenant deux oiseaux volant. — 1771.
Décorateur : ALONCLE.

Haut., 7 cent.

185 — Soucoupe analogue. — 1754. Monogramme inconnu.

Diam., 135 millim.

186 — Une autre (1760), portant également un monogramme inconnu.

Diam., 12 cent.

187 — Tasse ovoïde à anse, et soucoupe, à fond d'œils de perdrix ponctués en bleu, coupé sur deux rangs par des réserves triangulaires encadrées de palmes vertes et de branchages de chêne et contenant une rose. — 1771.

Hauteur de la tasse, 65 millim.
Diamètre de la soucoupe, 135 millim.

188 — Pot à lait à trois pieds, décoré de bouquets. — 1771. Marque de décorateur inconnue.

Haut., 12 millim.

189 — Petit pot à lait à trois pieds, décoré d'une bordure de dentelle en or.

Haut., 105 millim.

190 — Plateau oblong à huit lobes et bord de dents de loup dorées, décoré de bouquets, par VANDÉ. — 1773.

Long., 285 millim.

191 — Assiette à bord lobé et doré et bordure de
lauriers; sur la chute, un large filet doré; décor
de roses détachées, de CORNAILLE; ors de VANDÉ.
— 1773.

Diam., 24 cent.

192 — Tasse cylindrique à anse, et soucoupe, à
bordure de rinceaux et fleurons en or. — 1773.
Marque de décorateur inconnue.

Hauteur de la tasse, 6 cent.
Diamètre de la soucoupe, 12 cent.

193 — Petit pot à crème à anse et couvercle surmonté d'une fleur; bouquets semés.

Haut., 5 cent.

194 — Moutardier décoré de bouquets. — 1773.
Décor de TARDI, ors de VANDÉ.

Haut., 7 cent.

195 — Petit sucrier à couvercle surmonté d'une
fleur; bord doré de dents de loup; décor de bouquets. Sans marque.

Haut., 10 cent.

196 — Sucrier décoré de bouquets, à couvercle sur-

monté d'une fleur et décoré de paysages avec attributs champêtres. — 1774. Décor de Bertrand.

Haut., 10 cent.

197 — Tasse cylindrique à anse, et soucoupe, à bord doré de dents de loup; décor de bouquets. La tasse est datée de 1774, la soucoupe de 1753. Décor de de Choisy.

Hauteur de la tasse, 7 cent.
Diamètre de la soucoupe, 13 cent.

198 — Tasse cylindrique à anse, et soucoupe, à large bordure à fond pointillé d'or semé de roses détachées, avec trois réserves ovales contenant des bluets et des marguerites; à la base, une guirlande d'or laurée entre deux filets. — 1774. Décor de Pierre jeune; ors de Théodore.

Hauteur de la tasse, 75 millim.
Diamètre de la soucoupe, 15 cent.

199 — Tasse cylindrique à anse, et soucoupe, bord doré de dents de loup; décor de bouquets de Bouchet. — 1774.

Hauteur de la tasse, 75 millim.
Diamètre de la soucoupe, 135 millim.

200 — Deux tasses cylindriques à anses, et soucoupes, fond bleu strié à large bande lobée en réserve dans laquelle serpente un ruban fond d'or parmi des guirlandes de fleurs polychromes. — 1774. NOEL.

> Hauteur de la tasse, 68 millim.
> Diamètre de la soucoupe, 140 millim.

201 — Sucrier à bord de dents de loup dorées, décoré de bouquets semés, à couvercle dont le bouton est formé par une fleur. — 1774. Deux monogrammes inconnus.

> Haut., 8 cent.

201 *bis*. — Un autre à décor analogue. — 1769.

> Haut., 7 cent.

202 — Un autre analogue, dont le couvercle est surmonté d'un fruit. — 1768. Décor de GRÉMONT.

> Haut., 7 cent.

203 — Petit sucrier analogue, dont le couvercle est surmonté d'une fleur. — 1773. Décor de FOURÉ, ors de THÉODORE.

> Haut., 6 cent.

204 — Sucrier sans couvercle, à large bordure de rubans roses noués et entrelacés de guirlandes ;

décor de fleurs semées. — 1783. Marque de
décorateur inconnue (un trèfle).

Haut., 8 cent.

205 — Bol à bord de dents de loup dorées, placé sur
un plateau à bords lobés ; décor de bouquets
semés. Le bol est daté de 1775, le plateau de
1778. Décorateurs : NOEL et RAUX.

Diamètre du bol, 165 millim.
Diamètre du plateau, 21 cent.

206 — Petite tasse cylindrique à anse, et soucoupe,
à bord de dents de loup en or, décorées de bouquets semés. — 1776.

Hauteur de la tasse, 45 millim.
Diamètre de la soucoupe, 105 millim.

207 — Petite tasse ovoïde à anse, et soucoupe ; porcelaine blanche à bord de dents de loup dorées.
— 1776.

Hauteur de la tasse, 55 millim.
Diamètre de la soucoupe, 105 millim.

208 — Sucrier ovoïde sans couvercle, à bordure
arabesque dorée.

209 — Plateau d'écuelle à bord lobé et doré de dents
de loup, à bordures de laurier et décor de roses
semées, de TAILLANDIER. — 1777.

Diam., 20 cent

210 — Petit plateau d'écuelle oblong, bordé de dents
de loup. Décor de barbeaux.

Long., 18 cent.

211 — Tasse cylindrique à anse, et soucoupe, à bord
doré de dents de loup; décor de bouquets. Ors
de THÉODORE. Marque de décorateur inconnue.
— 1778.

Hauteur de la tasse, 65 millim.
Diamètre de la soucoupe, 13 millim

212 — Tasse cylindrique à anse, et soucoupe, à bordure de médaillons symétriques ovales, fond bleu
à rosaces d'or et guirlandes de fleurs. — 1778.
Décor de TANDART.

Hauteur de la tasse, 65 millim.
Diamètre de la soucoupe, 135 millim.

213 — Tasse cylindrique à anse, et soucoupe, décorées de grosses roses semées entre deux bordures,
fond gros bleu à médaillons ovales contenant des

roses. — 1778. Décorateurs : CATRICE pour la peinture, CHAUVAUX fils pour la dorure.

Hauteur de la tasse, 75 cent.
Diamètre de la soucoupe, 15 cent.

214 — Tasse semblable et soucoupe plus petites.

Hauteur de la tasse, 65 millim.
Diamètre de la soucoupe, 135 millim.

215 — Saladier à bord lobé et bordure intérieure et extérieure de fleurs détachées entre des filets dorés. Décor de BARRAT. — 1778.

Diam., 23 cent.

216 — Petit plateau rectangulaire à bord relevé et à quatre petits pieds, fond gros bleu, à bordure d'or laurée ; au fond, médaillon ovale à encadrement fleuronné d'or : Triomphe d'Amphitrite. — 1779. Ors de LEGUAY.

Long., 18 cent.

217 — Grande tasse cylindrique, et soucoupe, fond jaune, à riche bordure arabesque avec masques, guirlandes, et draperies. — 1779. Monogramme inconnu (V.).

Hauteur de la tasse, 8 cent.
Diamètre de la soucoupe, 15 cent.

218 — Tasse cylindrique à anse, et soucoupe, à bordures de lauriers et décor de roses semées. La tasse est datée de 1779 et décorée par DE CHOISY ; la soucoupe, sans marque, est en porcelaine dure.

Hauteur de la tasse, 7 cent.
Diamètre de la soucoupe, 14 cent.

219 — Tasse semblable, sans soucoupe, datée de 1781 et décorée par FONTAINE.

Haut., 7 cent.

220 — Petite tasse et soucoupe de forme et décor semblables. La tasse, datée de 1778, a été décorée par TAILLANDIER ; la soucoupe, de 1782, par FONTAINE.

Hauteur de la tasse, 145 millim.
Diamètre de la soucoupe, 105 millim.

221 — Tasse trembleuse obconique couverte, à anse double torse dorée, et soucoupe, fond vert pâle, à bordure d'or fleuronnée et médaillons à encadrements dorés contenant des paysages avec des animaux. — 1779. Décor de MÉRAULT aîné.

Hauteur de la tasse, 9 cent.
Diamètre de la soucoupe, 15 cent.

222 — Tête-à-tête composé d'une théière, d'un

sucrier et de deux tasses cylindriques à anse, avec leurs soucoupes, posés sur un plateau oblong à deux anses à bord lobé ; large bordure à fond partiel semé de barbeaux et décorée de médaillons contenant un bouquet de roses et entouré de guirlandes rattachées au sommet par un nœud de ruban bleu ; au fond du plateau et des soucoupes, semé de fleurettes encadré de deux guirlandes, l'une de fleurs, l'autre de lauriers dorés. — 1780. Décor de PIERRE jeune, ors de VINCENT.

Longueur du plateau, 33 cent.

223 — Tasse cylindrique à anse, et soucoupe, à bordure d'or arabesque. Décor à compartiments parallèles séparés par des filets d'or et contenant des fleurettes semées. Sur la face, médaillon lobé en réserve contenant un paysage avec le sujet de : *le Coq et la Poule* Au fond de la soucoupe, petit médaillon contenant un paysage maritime. — 1780. Décorateur : BOUCHET.

Hauteur de la tasse, 78 millim.
Diamètre de la soucoupe, 135 millim.

224 — Assiette à bord lobé, décorée, sur le marli, de fleurettes semées entre deux bordures de filets bleus, de TANDART. — 1780.

Diam., 235 millim.

225 — Coquetier campanulé à anse et piédouche, à bord de dents de loup dorées, décoré de bouquets semés. — 1780. Décorateur : Commelin.

Haut., 7 cent.

226 — Coquetier de même forme décoré de roses semées entre deux légères bordures composées de deux filets bleus autour desquels s'enroule un rinceau doré. — 1780. Deux monogrammes inconnus.

Haut., 7 cent.

227 — Tasse droite à anse, décorée de fleurettes semées, entre deux bordures fond vert à perles roses. — 1781. Décor de de Choisy.

Haut., 7 cent.

228 — Tasse droite à anse, et soucoupe, décorées d'un semé symétrique de très petites fleurettes, entre deux bordures composées d'une double guirlande d'or s'enroulant autour d'un filet bleu. — 1782. Sous la soucoupe, monogramme de Mad. Gérard née Vautrin.

Haut., 7 cent.

229 — Tasse semblable, sans soucoupe, portant un monogramme inconnu (un trèfle).

Haut., 7 cent.

230 — Petite tasse cylindrique à anse en S, et soucoupe, à bordures de guirlandes d'or entrelacées
autour d'un filet bleu, décor de fleurettes symétriquement disposées.

La tasse, datée de 1783, porte la marque du
décorateur LA ROCHE ; la soucoupe, datée de
1782, a été décorée par FONTAINE.

Hauteur de la tasse, 455 millim.
Diamètre de la soucoupe, 105 millim.

231 — Deux tasses ovoïdes à anse, et soucoupes, à
bord doré de dents de loup, accompagnées d'un
filet bleu strié d'or. Décor de bouquets détachés
de LEBEL et MICHEL. — 1783.

Hauteur de la tasse, 65 millim.
Diamètre de la soucoupe, 14 cent.

232 — Deux tasses semblables, sans soucoupes.

233 — Tasse droite à anse, et soucoupe, à bord doré
de dents de loup accompagnées d'un filet bleu
strié d'or. Décor de BARRAT. — 1784.

Hauteur de la tasse, 7 cent.
Diamètre de la soucoupe, 14 cent.

234 — Tasse et soucoupe semblables. Monogramme
inconnu (V.). — 1778.

> Hauteur de la tasse, 7 cent.
> Diamètre de la soucoupe, 13 cent.

235 — Tasse et soucoupe semblables, plus grandes.
Décor de La Roche. — 1772.

> Hauteur de la tasse, 75 millim.
> Diamètre de la soucoupe, 14 cent.

236 — Trois tasses analogues, dont l'une est datée
de 1787. Monogramme inconnu.

> Haut., 7 cent.

237 — Soucoupe à bord de dents de loup dorées,
décor de bouquets. Sans date. Décor de Mad.
Gérard; ors de Théodore.

> Diam., 125 millim.

238 — Tasse cylindrique à anse, et soucoupe, à fond
d'or composé de bandes horizontales superposées rayées et symétriquement coupées par des
réserves contenant un bouton de fleur rose. —
1785. Décor de Mérault aîné.

> Hauteur de la tasse, 7 cent.
> Diamètre de la soucoupe, 14 cent.

239 — Trois tasses ovoïdes, à anse et soucoupes, bordées d'un filet doré accompagné de hachures bleues. Décor de bouquets détachés de MICHEL et d'ÉVANS. — 1785.

> Hauteur de la tasse, 65 millim.
> Diamètre de la soucoupe, 14 cent.

240 — Tasse et soucoupe analogues, marquées des L couronnées et décorées par SIOUX aîné. — 1782.

241 — Cinq soucoupes semblables.

242 — Cinq compotiers gaufrés dans la pâte, à bord lobé et doré avec filet bleu strié d'or. Décor de bouquets de LE BEL et PETIT. — 1766, 1768, 1786.

> Diam., 205 millim.

243 — Compotier de même forme et décor, sauf la bordure. — Sans date.

> Diam., 205 millim.

244 — Trois compotiers à bords lobés et dorés de dents de loup accompagnées d'un filet bleu strié d'or. Décor de bouquets de BARRÉ, MICHEL et CARDIN. — 1776, 1787.

> Diam., 20 cent.

245 — Tasse droite à anse, et soucoupe, décorées de larges raies perpendiculaires roses, bordées de filets dorés, sur lesquelles sont posés des médaillons ronds encadrés d'un double filet doré et contenant alternativement un camée sur fond vert, des roses sur fond lilas et un paysage ; sur la face de la tasse, le médaillon, plus grand, renferme un enfant dans un paysage. — 1784. Décor de BOUCHET.

Hauteur de la tasse, 6 cent.
Diamètre de la soucoupe, 12 cent.

246 — Tasse droite à anse, et soucoupe, décorées de paysages en grisailles alternant avec des médaillons contenant des paysages en or sur fond bleu azur ; au bord et à la base, bordure de feuillages d'or sur fond bleu azur. — 1785. Décor de ROSSET, ors de LEVÉ père.

Hauteur de la tasse, 7 cent.
Diamètre de la soucoupe, 135 millim.

247 — Tasse droite à anse, et soucoupe, à bordure de dentelures fleuronnées, fond bleu pâte à décor de médaillons symétriques encadrés de filets bleu et or et entourés de légères guirlandes. — 1785. Décor de LA ROCHE.

Hauteur de la tasse : 6 cent.
Diamètre de la soucoupe, 12 cent.

5

248 — Tasse droite à anse, décorée de fleurettes roses
semées ; sur la face, un médaillon ovale contenant
un C couronné composé de roses ; bordure de
dentelles et feuillages d'or sur fond bleu azur.
— 1786. Décor de MICHEL.

Haut., 6 cent

249 — Tasse droite à anse, et soucoupe, décorées
d'une large bordure d'arabesques et de rinceaux,
alternant avec un médaillon ovale fond jaune
citron portant une fleur ornementale ; au-dessus,
une guirlande de lilas fleuri, sur un fond jaune
citron. — 1786. Décor de THÉVENOT père.

Hauteur de la tasse, 7 cent.
Diamètre de la soucoupe, 135 millim.

250 — Tasse droite à anse, et soucoupe, à bordures
de feuillages dorés sur fond azur, encadrant une
guirlande de fleurs légères. — 1786.

Hauteur de la tasse, 58 cent.
Diamètre de la soucoupe, 115 millim.

251 — Tasse droite à anse, décorée de trois guirlandes laurées, superposées entre des filets lilas ;
entre les deux guirlandes supérieures, un ruban
lilas rehaussé d'or, formant des zigzags. — 1787.
Décor de Mme BUND, née MANON BUTEUX.

Haut., 7 cent.

252 — Tasse ovoïde à anse, et soucoupe, à bord de
dents de loup dorées et filet bleu coupé par des
stries d'or ; décor de bouquets. 1787. Décor de
Fumez.

> Hauteur de la tasse, 6 cent.
> Diamètre de la soucoupe, 13 cent.

253 — Deux sucriers à décor semblable, à couvercle
surmonté d'un bouton formé par un fruit doré.
L'un est daté de 1784 et décoré par Michel.

> Haut., 8 cent.

254 — Un autre, analogue, plus petit. Décor de
Chulot.

> Haut., 6 cent.

255 — Tasse droite à anse, et soucoupe, à bordures
d'ornements violets sur fond lilas, décorées d'un
semé de roses et de fleurettes bleues. — 1787.
Décor de Chulot.

> Hauteur de la tasse, 7 cent.
> Diamètre de la soucoupe, 13 cent.

256 — Tasse hémisphérique à anse, et soucoupe, à

décor d'arabesques, encadré dans des bordures fond gros bleu à feuillages d'or. — 1788.

Décorateurs : PARPETTE (?) pour les peintures, VINCENT pour la dorure.

Hauteur de la tasse, 5 cent.
Diamètre de la soucoupe, 135 millim

257 — Tasse droite à anse, décorée de barbeaux semés entre deux bordures de perles roses. — 1788. Décor de Mme GÉRARD née VAUTRIN.

Haut., 7 cent.

258 — Petite assiette à bord lobé et doré de dents de loup, décorée de guirlandes de barbeaux enroulées autour de filets roses ; au centre, une rose. Décor de Mme GÉRARD. — 1788.

Diam., 205 millim.

259 — Tasse ovoïde à pied élargi et anse formée par une palmette, et soucoupe à partie médiane creuse, décorées entre deux bordures de guirlandes fleuries, sur fond jaune, d'une frise d'arabesques et de rinceaux, coupée par trois médaillons ovales, fond vert, contenant un vase posé sur une table. Au fond de la soucoupe, une rose entourée de rayons dorés. — 1789. Décor de NOEL.

Hauteur de la tasse, 7 cent.
Diamètre de la soucoupe, 13 cent.

260 — Tasse ovoïde à anse, et soucoupe, fond gros
bleu, à bordure d'or de guirlandes laurées entrelacées et médaillon en réserve contenant un
panier fleuri. — 1789. Décorateur : Cornaille.

Hauteur de la tasse, 65 millim.
Diamètre de la soucoupe, 135 millim.

261 — Quarante-deux assiettes, à bord lobé doré et
filets bleus striés d'or ; marli gaufré imitant la
vannerie ; décor de bouquets détachés. Périodes
de Louis XV et Louis XVI.

Diam., 24 cent.

262 — Huit assiettes à bord lobé et doré, et bordure
de feuilles de choux en bleu ; décor de bouquets.
Périodes de Louis XV et Louis XVI.

Diam., 24 cent.

263 — Huit assiettes creuses analogues. Même
période.

Diam., 24 cent.

264 — Vingt-quatre tasses ovoïdes à anses, et soucoupes, à bord doré de dents de loup ; décor de
bouquets. Périodes de Louis XV et Louis XVI.

Hauteur des tasses, 65 millim.
Diamètre des soucoupes, 14 cent.

265 — Trois tasses semblables, sans soucoupes.

266 — Sept tasses et soucoupes de même forme et
décor, plus petites. Même date.

Hauteur des tasses, 6 cent.
Diamètre des soucoupes, 115 millim.

267 — Trois tasses semblables, sans soucoupes.

268 — Deux vases ovoïdes à piédouche, ouverture
évasée fermée par un couvercle bombé à bouton
doré, et anses latérales à chaînons ajourés ; fond
gros bleu. Sur chaque face, un médaillon ovale
décoré d'une figure allégorique de femme portant les divers attributs de la République ; au
revers, médaillons avec paysages allégoriques et
groupes de fleurs tricolores. Décor de DODIN,
ors de VINCENT. Période républicaine.

Haut., 42 cent.

269 — Assiette à marli fond jaune pâle, à bordures
arabesques lilas ; au fond, un oiseau bleu sur
terrasse. Marquée SÈVRES.

Diam., 24 cent.

270 — Plateau d'écuelle, à bordure violette et décor
d'arabesques de LEVÉ. Marqué : SÈVRES.

Diam., 20 cent.

271 — Tasse droite à anse, et soucoupe, à bord bleu, et décor de bouquets semés. Marquée : Sèvres, R. F. Décor de Tardi.

> Hauteur de la tasse, 7 cent.
> Diamètre de la soucoupe, 135 millim.

272 — Tasse droite à anse en S, et soucoupe, fond jaune décoré de guirlandes de feuillages tracés en vert et brun, et coupé par une bande en réserve contenant une guirlande de fleurs polychromes. Marque : f de R. F. Sèvres.

> Hauteur de la tasse, 6 cent.
> Diamètre de la soucoupe, 12 cent.

273 — Tasse obconique à anse, et soucoupe, à bordure formant saillie, fond jaune pâle à guirlande de fleurs s'enroulant autour d'un ruban tricolore; fond gros bleu ponctué d'or.

Marque : Sèvres R. F.

Décorateur : Fumez.

> Hauteur de la tasse, 8 cent.
> Diamètre de la soucoupe, 15 cent.

274 — Tasse droite à anse, et soucoupe, fond gros bleu à bordures d'or composées, sur la tasse d'un large filet, sur la soucoupe de deux filets et d'un rang de perles accompagnés d'une légère

guirlande de graminées ; médaillons en réserve contenant des fleurs. — R. F. Décorateurs : MICHAUD, pour les fleurs ; VINCENT, pour les ors.

Hauteur de la tasse, 75 millim.
Diamètre de la soucoupe, 15 cent.

275 — Deux tasses droites à anse, et soucoupe. à bordure composée d'une guirlande de fleurs roses entre deux bandes bleu et or ; décorées d'un semé de tiges légères de campanules. Période républicaine. Monogramme inconnu (V.).

Hauteur de la tasse, 6 cent.
Diamètre de la soucoupe, 12 cent.

276 — Deux tasses hémisphériques à anses, bordure jaune soufre à légères guirlandes noires ; décor de fleurettes semées. Période républicaine. Décor de FUMEZ.

Haut., 5 cent.

277 — Tasse de même forme bordée de filets bleus. Période républicaine. Monogrammes inconnus.

Haut., 5 cent.

278 — Dix assiettes creuses, à marli décoré de roses et pensées détachées entre deux rangs de filets

bleu et or; au fond, un bouquet de roses et pensées dans un médaillon bordé de filets bleu et or. Décor de DE CHOISY et autres décorateurs. Période républicaine.

Diam., 24 cent.

279 — Assiette bordée d'un large filet doré accompagné d'un ruban bleu enroulé ; sur le marli, des fleurettes détachées ; au centre, un bouquet. Décor de FUMEZ. Période républicaine.

Diam., 245 millim.

280 — Assiette à bord doré; sur le marli, entre deux bordures bleues décorées de rinceaux dorés, un filet rose autour duquel s'enroulent des fleurs; au fond, semé de fleurettes. Monogramme inconnu (V.). Période républicaine.

Diam., 24 cent.

281 — Confiturier à deux récipients ovoïdes couverts, adhérents sur un plateau oblong à bords festonnés, à dents de loup dorées; décor de bouquets semés. — Sans date.

Long., 25 cent.

282 — Tasse droite à anse, à décor d'imbrications en

blanc et or sur fond bleu, entre deux bordures de guirlandes d'or entrelacées sur fond bleu à quadrillages gravés. — Sans date. Décor de Capelle.

Haut., 7 cent.

283 — Sucrier ovoïde à couvercle dont le bouton est formé par un fruit doré; bordure fond bleu turquoise à perles dorées; riche décor d'arabesques et de guirlandes. — Sans date.

Haut., 8 cent.

284 — Beurrier cylindrique couvert, sur plateau adhérent; bords à dents de loup dorées et filets bleus striés d'or; décor de bouquets semés. Sans date.

Diam., 21 cent.

285 — Assiette décorée, sur le marli, de roses et pensées détachées entre deux larges filets bleus; au centre, un bouquet. — Sans date.

Diam., 24 cent.

286 — Assiette à bord lobé à large filet bleu; sur le marli, bouquets détachés; au centre, un bouquet de fleurs bleues. — Décor de Le Bel jeune. Sans date.

Diam., 245 millim.

287 — Assiette à bord doré avec filets bleus; sur le marli, guirlande à feuillages légers et petits fruits bleus, enroulée autour d'un filet rose.

Diam., 245 millim.

288 — Assiette à bord lobé et doré avec filet bleu strié d'or; decor de bouquets. — Monogramme inconnu (F. P.). Sans date.

Diam., 24 cent.

289 — Assiette à bord lobé et filet bleu, à gaufrage imitant les pétales d'une fleur; décor de bouquets détachés. — Sans date.

Diam., 255 millim.

290 — Assiette en porcelaine blanche, à bord festonné à rinceaux et coquilles en relief; sur le marli, trois branches de groseillier en relief. Sans marque.

Diam., 26 cent.

291 — Assiette en porcelaine blanche décorée de gaufrages; bord festonné avec rinceaux entre-croisés; sur la chute, des cannelures. — Sans marque.

Diam., 25 cent.

292 — Petite assiette en porcelaine blanche, à bord
lobé à feuille de chou gaufrée. — Sans marque.

Diam.; 20 cent.

293 — Six assiettes à bord lobé avec rinceaux
recourbés et terminés en palmettes en relief.
L'une d'elles est bordée de dents de loup dorées.

Diam., 24 cent.

294 — Cent cinquante-neuf assiettes à bord lobé et
doré avec rinceaux recourbés et terminés en
palmettes bordés de filets bleus ; décor de bouquets de GÉNIN, CATRICE, RAUX, NOEL, TARDY, etc.
Période de Louis XV.

Diam., 25 cent.

295 — Une assiette semblable en porcelaine dure,
décor de BERTRAND. — Sans date.

Diam., 25 cent.

296 — Tasse ovoïde à anse, et soucoupe, à bord de
dents de loup dorées ; décor de roses semées. —
Ors de THÉODORE. La marque a été effacée.

Hauteur de la tasse, 7 cent.
Diamètre de la soucoupe, 135 millim.

297 — Soucoupe à large bordure, ruban fond d'or strié décoré de fleurons bleus serpentant entre deux bandes analogues. — Sans date.

Diam., 105 millim.

298 — Cent dix-sept assiettes à bord lobé et doré et marli bordé de filets bleus striés d'or, décoré en reliefs blancs de rinceaux entre-croisés et de branchages fleuris noués par des rubans. Décor de bouquets de Huny, Le Bel, Noel, Levé père, Bertrand, Pajou, etc. Période de Louis XV.

Diam., 25 cent.

299 — Dix assiettes semblables en porcelaine dure. Décor de Buteux et Barrat. — 1776.

Diam., 25 cent.

300 — Tasse droite à anse, et soucoupe, à bord de dents de loup dorées et décor de roses semées ; la tasse est datée de 1777 ; la soucoupe (en porcelaine dure), de 1774, porte le monogramme de Dutanda ; les ors sont de Théodore.

Hauteur de la tasse, 7 cent.
Diamètre de la soucoupe, 12 cent.

PORCELAINES DURES DE SÈVRES

3o1 — Tasse ovoïde à anse, et soucoupe, bord de dents de loup dorées. Décor de bouquets. Marque surmontée de la couronne. Décor de VANDÉ, ors de BIENFAIT (?). La soucoupe porte le monogramme de DUTANDA et la marque de THÉODORE. — 1772.

> Hauteur de la tasse, 65 millim.
> Diamètre de la soucoupe, 8 cent.

3o2 — Tasse droite à anse, et soucoupe, fond gros bleu à bordure de rinceaux et branchages en or. Médaillons réservés décorés de paysages ; sur la tasse : un homme et une femme faisant de la musique. — 1778. Décorateurs : CHEVALIER et CHULOT.

> Hauteur de la tasse, 78 cent.
> Diamètre de la soucoupe, 155 millim.

3o3 — Tasse droite à anse, et soucoupe, à bords dorés de dents de loup, décor de fleurettes semées en or et couleurs. Décor de TAILLANDIER. — 1783-1784.

> Hauteur de la tasse, 65 millim.
> Diamètre de la soucoupe, 14 cent.

3o4 — Pot à lait à trois pieds, bords à dents de loup dorées et décor de bouquets. — 1785.

Haut., 10 cent.

3o5 — Petit plat ovale bordé de filets d'or et d'une bordure bleue striée. Décor de bouquets. — 1788.

Long., 31 cent.

3o6 — Tasse droite à anse, et soucoupe, décorées d'un quadrillage formé par des filets pourpres enlacés de chaînettes d'or; dans les intervalles, une rose; au fond de la soucoupe, un trophée d'instruments de musique. — Marque : les deux L enlacés surmonté de la couronne. Monogramme inconnu (D. R.).

Hauteur de la tasse, 6 cent.
Diamètre de la soucoupe, 125 millim.

3o7 — Deux coquetiers campanulés à anse et à pié-douche, à bordures dorées de rinceaux, guirlandes et fonds partiels. Porcelaine dure. — Marque en or en partie effacée.

Haut., 62 cent.

3o8 — Tasse droite à anse, et soucoupe, fond rose à œils de perdrix ponctués en pourpre et or, à

médaillons ovales réservés, reliés par des guirlandes et contenant des attributs guerriers et pastoraux et des fleurs. — Sans date. Décorateur :
Durand.

Hauteur de la tasse, 75 millim.
Diamètre de la soucoupe, 158 millim.

309 — Saucière à deux anses latérales doubles entre-
croisées et deux déversoirs, à bord de dents de
loup dorées. — Sans date.

Long., 24 cent.

310 — Glacière à deux anses et couvercle à plateau
creux et anse supérieure, décorée de bordures
arabesques en or. — Sans marque.

Diam., 20 cent.

310 *bis* — Un couvercle de glacière analogue.

311 — Médaillon rond en porcelaine de Sèvres,
offrant en grisaille le buste de profil de Napoléon Ier, sur fond marbré. On lit au pourtour :
Napoléon Empereur et Roi.

Diamètre, sans le cadre doré, 34 cent.

312 — Tasse droite à anse dorée, et soucoupe, à bord
doré, et décor d'arabesques. Le fond de la sou-

coupe est entièrement doré. — Marquée SÈVRES,
en or. — 1800 à 1802.

Hauteur de la tasse, 7 cent.
Diamètre de la soucoupe, 14 cent.

313 — Tasse à thé et soucoupe fond bleu marbré, à
bordures d'ornements dorés. L'intérieur de la
tasse entièrement doré. Époque de Louis XVIII.

Hauteur de la tasse, 6 cent.
Diamètre de la soucoupe, 13 cent.

PORCELAINES DIVERSES

FRANÇAISES

314 — Tasse droite à anse, et soucoupe, à bord doré
de dents de loup, et fond de branchages dorés
entre deux bordures de barbeaux ; sur le devant
de la tasse et au fond de la soucoupe, un
bouquet de roses et barbeaux, dans un médaillon.
— Marquée à l'A couronné. — *Paris. Fabrique
de la Reine.*

Hauteur de la tasse, 5 cent.
Diamètre de la soucoupe, 115 millim.

315 — Cafetière couverte à manche latéral et déver-
soir, à bordure de laurier vert et feuillages dorés ;
décor d'oiseaux perchés sur des arbrisseaux. —
Paris. Fabrique du Pont-aux-Choux.

Haut., 20 cent.

6

316 — Deux tasses droites à anse, et une soucoupe, à bordure de feuillages dorés ; décors d'oiseaux perchés sur des arbrisseaux. — *Paris. Fabrique du Pont-aux-Choux.*

Hauteur des tasses, 7 cent.
Diamètre de la soucoupe, 135 millim.

317 — Tasse droite à anse, et soucoupe, fond d'œils de perdrix en or, bordé de guirlandes de fleurons lilas et de fleurs polychromes. — *Boissette.*

Hauteur de la tasse, 55 millim.
Diamètre de la soucoupe, 125 millim.

318 — Deux glacières à anses latérales et couvercle creux à poignée supérieure ; décor de guirlandes et filets bleus. — *Arras.*

Diam., 22 cent.

319 — Deux petits seaux à deux anses latérales, décor analogue à celui des pièces précédentes. — *Arras.*

Diam., 15 cent.

320 — Plateau carré à angles arrondis et rentrants ; décor de guirlandes en bleu. — *Arras.*

Diam., 25 cent.

321 — Pot à eau et assiette oblongue, fond gros bleu
à bordures d'or ; sur la face du pot, un sujet à
personnages. — *Paris*. (Époque de la Restauration.)

322 — Paire de vases ovoïdes à piédouche et deux
anses, fond d'or ; sur la face, un médaillon avec
un sujet. — *Paris*. (Époque de la Restauration.

323 — Deux assiettes à bordure fond bleu décoré en
or ; au fond, des sujets. — *Paris*. (Époque de la
Restauration.)

324 — Deux autres analogues, décorées d'oiseaux. —
Paris. (Époque de la Restauration.)

325 — Service à café composé de deux cafetières, un
pot à crème, un sucrier, un bol et douze tasses et
soucoupes, fond gros bleu décoré en or, avec
médaillons de fleurs. — *Paris*. (Époque de la
Restauration.)

326 — Deux tasses à anses et soucoupes fond gros
bleu et or avec sujets : Pierrot et Arlequin. —
Paris. (Époque de la Restauration.)

327 — Tasse analogue à trois pieds, même sujet. —
Paris. (Époque de la Restauration.)

328 — Sucrier analogue. — *Paris*. (Époque de la Restauration.)

329 — Tasse de forme évasée à anse et trois pieds et soucoupe, fond bleu décoré en or ; médaillon à sujet : Marie Stuart et Leicester. — *Paris*. (Époque de la Restauration.)

330 — Une autre de même forme, fond d'or, à sujet pastoral ; en dessous, une inscription : *L'Été. Veux-tu voir le bout de la pièce ?* — *Paris*. (Époque de la Restauration.)

331 — Une autre plus petite, fond bleu et or : *La place du Châtelet*. — *Paris*. (Époque de la Restauration.)

332 — Tasse à thé et soucoupe fond d'eau, décor de fleurs. — *Paris*. (Époque de la Restauration.)

333 — Tasse ovoïde à anse, et soucoupe, fond bleu, décorées de bandes d'or en spirale. — *Paris*. (Époque de la Restauration.)

334 — Tasse droite à anse, et soucoupe, fond gros bleu à sujets pastoraux en or. — Bringier.

335 — Tasse cul-de-poule à anse double torse et soucoupe lobée, fond gros bleu décoré en or et médaillon contenant un Amour ; au fond de la soucoupe, attributs de musique. — Imitation de Sèvres.

336 — Deux tasses droites à anse, et soucoupe, fond gros bleu à guirlandes d'or et bordure de perles émaillées ; sujets maritimes. — Imitation de Sèvres.

337 — Tasse hémisphérique à deux anses, et soucoupe, décorées de bouquets. — Imitation de Sèvres.

338 — Tasse droite à anse dorée, et soucoupe, fond vert décoré de fleurs et quadrillé d'or ; médaillons en réserve contenant des oiseaux. — Imitation de Sèvres. — Fabrique de FEUILLET, à Paris.

339 — Cinq tasses à anses fond bleu turquoise à médaillons de fleurs. — Imitation de Sèvres.

339 *bis* — Tasse ovoïde à anse, et soucoupe, fond bleu turquoise, décorées d'Amours dans des médaillons. — Imitation de Sèvres.

340 — Deux plateaux losangés, fond bleu turquoise
à décor de guirlandes et paysages avec sujets
pastoraux. — Imitation de Sèvres.

341 — Plateau de même forme, fond gros bleu quadrillé d'or. — Imitation de Sèvres.

PORCELAINES EUROPÉENNES

DIVERSES

342 — Statuette d'homme en habit rouge et coiffé
d'un tricorne, jouant de la clarinette et du tam-
bourin. — Saxe.

Haut., 3o5 millim.

343 — Deux bols décagones à bord évasé et relevé,
bordé d'un filet brun ; décor japonais de personnages, animaux chimériques et fleurs ; en dessous, chiffres gravés indiquant la provenance du
Musée de Dresde. — Saxe.

Diam., 225 millim.

344 — Deux plateaux octogones à marli étroit et
bord relevé teinté en brun ; décor japonais : Enfants jouant dans un paysage. Même provenance.
— Saxe.

Diam., 275 millim.

345 — Deux bols à bord évasé et lobé, bordé d'un
filet brun. Décor de style japonais, dit à la haie
et à l'écureuil. — Saxe.

Diam., 15 cent.

346 — Deux plateaux à bord lobé, bordé d'un filet
brun. Décor japonais à la haie, avec tiges de
pins, de bambous et d'aubépines, au milieu desquelles volent des oiseaux. — Saxe.

Diam., 22 cent.

347 — Deux assiettes à bord lobé doré, et marli
gaufré imitant la vannerie; décor de bouquets
détachés. — Saxe.

Diam., 235 millim.

348 — Assiette à bord lobé, avec filet brun; sur le
marli, quatre groupes de fleurs gaufrées alternant avec trois bouquets et un papillon peints;
au fond, un bouquet au milieu d'une couronne
de fleurs gaufrées. — Saxe.

Diam., 235 millim.

349 — Assiette à bord festonné et doré, décorée sur
le marli de fonds partiels imbriqués bleus alternant avec des coquilles teintées en rose; au fond,
un bouquet. — Saxe.

Diam., 24 cent.

35o — Six assiettes à bord brun lobé; décor de style
chinois; sur le marli, des bouquets; au fond, un
papillon posé sur une tige fleurie. — Saxe.

Diam., 24 cent.

351 — Quarante-cinq manches de couteaux, à filets
dorés et décor de fleurs; à la base, un oiseau sur
un arbrisseau. — Saxe.

Long., 9 cent.

352 — Douze manches de couteaux à filets dorés et
décor de bouquets. — Saxe.

Long., 9 cent.

353 — Dix-huit manches de couteaux à filets dorés
encadrant des paysages avec personnages. —
Saxe.

Long., 9 cent.

354 — Dix manches de couteaux fond vert, à médaillons de fleurs et oiseaux. — Saxe.

Long., 8 cent.

355 — Petit piédestal cylindrique côtelé, décoré de
filets dorés. — Berlin.

356 — Bol hémisphérique à bord doré, décoré de
paysages. — Furstenberg.

> Diam., 165 millim.

357 — Tasse ovoïde à anse ornemanisée, et soucoupe, à bordure d'ornements gaufrés. Décor de
paysages sur terrasse. — Louisbourg.

> Hauteur de la tasse, 65 millim.
> Diamètre de la soucoupe, 13 cent.

358 — Tasse élevée, campanulée à anse ornemanisée, décorée d'un paysage sur terrasse avec un
coq et un canard. — Vienne. — Soucoupe décorée d'un paysage avec une biche couchée. —
Frankenthal.

> Hauteur de la tasse, 7 cent.
> Diamètre de la soucoupe, 13 cent.

359 — Assiette à marli ajouré et doré; au fond, des
bouquets détachés. — Marquée : M. o. L. —
Amsterdam.

> Diam., 25 cent.

360 — Tasse ovoïde à anse, et soucoupe, à fond partiel imbriqué d'or et trois divisions, dont l'une
contient une armoirie d'évêque surmontée d'une

couronne de marquis. — Marque aux épées cantonnées, en or. — Porcelaine tendre de Tournay.

Hauteur de la tasse, 7 cent.
Diamètre de la soucoupe, 13 cent.

361 — Garniture de toilette composée de cinq pièces; petit pot à eau et cuvette, deux flambeaux et deux flacons à odeurs, décorés de rocailles et bouquets en relief. — Porcelaine anglaise.

362 — Deux baguiers formés par deux figures couchées tenant des bassins en forme de losange et décorés de fleurs en relief. — Porcelaine anglaise.

PORCELAINES DE CHINE

363 — Statuette de femme debout en robe verte à médaillons de grues ornemanisées, retombant sur une jupe à raies multicolores.

Haut., 265 millim.

364 — Grande potiche décorée de trois rangs de médaillons superposés et contenant alternativement des paysages, des fleurs, des animaux chimériques et des objets sacrés.

Haut., 55 cent.

365 — Vase ovoïde couvert, aplati, à col orné de
deux anses formées par des têtes chimériques
soutenant des anneaux adhérents, fond de
mosaïque rouge, noir et or, entourant des
médaillons encadrés de rinceaux dorés et contenant des sujets familiers et des paysages.

Haut., 285 millim.

366 — Vase bursaire couvert, aplati, à piédouche,
quadrilobé ; décor analogue à celui de la pièce
précédente.

Haut., 29 cent.

367 — Paire de petites potiches élevées, à pied
élargi, quadrilobées, de forme aplatie, fond de
rinceaux dorés chargé de fleurs en bleu sous
couverte et couleurs ; sur chaque face, deux
médaillons superposés contenant des scènes
familières.

Haut., 29 cent.

368 — Garniture de cinq pièces : trois bouteilles et
deux cornets, décorés sur chaque face d'un
perroquet perché dans une suspension.

Hauteur des bouteilles, 275 millim.
Hauteur des cornets, 275 millim.

369 — Paire de bouteilles piriformes à goulot rétréci, décorées de personnages et d'inscriptions placées dans des cartouches.

Haut., 19 cent.

370 — Deux pots cylindriques à anses, fond de fleurs à rehauts d'or; sur la face, un médaillon contenant une scène familière.

Haut., 135 millim.

371 — Pot cylindrique à anse formée par un dragon, fond mosaïque rouge et noir rehaussé d'or à réserves contenant des fleurs; sur la face, grand médaillon contenant une scène familière.

Haut., 145 millim.

372 — Jardinière campanulée à huit lobes et quatre petits pieds festonnés, fond d'or décoré en émaux de couleurs de rinceaux fleuris et objets sacrés; l'intérieur est teinté en vert d'eau.

Diam., 22 cent.

373 — Petite cuvette hémisphérique à bord renversé, fond de rinceaux fleuris en or décoré en bleu sous couverte de fleurs et de rinceaux encadrant des médaillons, contenant alternativement des

paysages en camaïeu rose et des rochers fleuris
avec un oiseau penché; au fond, une femme assise
et deux enfants dans un paysage.

Diam., 25 cent.

374 — Bol décoré au pourtour d'un fond mosaïque
rouge à rehauts d'or, sur lequel se détachent des
médaillons contenant des paysages avec sujets
familiers, des personnages jouant des instruments;
à l'intérieur, riche bordure de fonds partiels ; au
fond, médaillon à encadrement fleuronné contenant une scène familière.

Diam., 285 millim.

375 — Bol hémisphérique à fond bleu sous couverte,
décoré de rinceaux et fleurs d'or, et trois médaillons oblongs à bord lobé encadrés de filets
vert, rouge et or, et contenant des bouquets
rehaussés d'or; au fond, bouquet analogue.

Diam., 265 millim.

376 — Bol hémisphérique à fond de fleurs semées
encadrant des médaillons occupés par des scènes
de chasse européennes; au fond, médaillon avec
un sujet analogue, bordure de coquilles et
rocailles. — Porcelaine de la compagnie des
Indes.

Diam., 28 cent.

377 — Deux bols hémisphériques décorés en bleu
sous couverte d'une bordure alvéolée, et portant
une surdécoration polychrome, exécutée en
Hollande, de paniers fleuris et de paysages.

Diam., 14 cent.

378 — Bol hémisphérique à bordures quadrillées en
bleu sous couverte et surdécoration hollandaise
de personnages et de paniers fleuris.

Diam., 14 cent.

379 — Plat creux à bord évasé, à bordure verte
pointillée de noir décorée de papillons et de
fleurs, avec six réserves d'objets sacrés; au fond,
un sujet : des guerriers semblent parlementer
avec des personnages placés à la fenêtre d'une
habitation. — Famille verte.

Diam., 35 cent.

380 — Plat creux à bord évasé et bordure verte
pointillée de noir décorée de fleurs symétriques
formant rosace; au fond, un combat de guerriers.
— Famille verte.

Diam., 345 millim.

381 — Plat de même forme, à bordure mosaïque

coupée par six réserves d'objets sacrés ; au fond, des faisans parmi des tiges de pivoines et de pêchers.

Diam., 345 millim.

382 — Six petits plats décorés, sur le marli, d'une bordure quadrillée en vert et lilas, à quatre réserves contenant des papillons et des saute-relles ; au fond, deux femmes debout auprès du mur d'un jardin percé d'une ouverture ronde par laquelle on voit un vase de fleurs. — Famille verte.

Diam., 24 cent.

383 — Deux plats à étroite bordure quadrillée rose ; au fond, dans un encadrement à bord irréguliè-rement découpé et décoré de fleurettes blanches sur fond vermiculé brun, un groupe de pivoines en fleurs portant deux oiseaux aquatiques en brun et or.

Diam., 28 cent.

384 — Trois assiettes du même service.

Diam., 23 cent.

385 — Trois petits plats à large bordure verte cloutée de noir, à médaillons en réserves bordés

d'un filet noir et contenant des fleurs et des
insectes; au fond, une scène familière : deux
femmes placées sous un pavillon de verdure sur-
veillant des enfants jouant au bord d'une pièce
d'eau, placée au premier plan, et sur laquelle
nagent des canards.

Diam., 26 cent.

386 — Deux assiettes du même service.

Diam., 225 millim.

387 — Deux assiettes décorées, sur le marli, de
nombreuses figures de personnages sacrés ; au
fond, un intérieur, où l'on voit deux femmes et
un enfant, l'une d'elles joue d'un instrument à
cordes posé sur une table.

Diam., 23 cent.

388 — Trois assiettes à bordure de lambrequins à
fonds partiels variés et bordés de grecques noires ;
au fond, un groupe de pivoines et autres fleurs
entourant un rouleau déployé décoré d'un
paysage avec personnages.

Diam., 23 cent.

389 — Assiette décorée, sur le marli et au fond, de
bouquets de pivoines et de magnolias.

Diam., 22 cent.

390 — Deux assiettes décorées, sur le marli, de quatre groupes de fleurs ; au fond, dans un médaillon entouré de filets rouge et or, des fleurs et un oiseau perché sur un rocher.

Diam , 23 cent.

391 — Deux assiettes à bordure de lambrequins en bleu sous couverte alternant avec des rochers fleuris ; au fond, un rocher entouré de fleurs auprès duquel est un saule.

Diam., 23 cent.

392 — Sept assiettes creuses et sept assiettes plates à bord festonné et bordure rouge mosaïque à quatre réserves de fleurs ; au fond, un paysage montagneux ; au premier plan, des personnages devant une habitation.

Diam., 23 cent.

393 — Douze assiettes à riche bordure mosaïque à lambrequins décorés de fleurs ; au fond, un coq à plumage jaune et deux poussins, auprès d'un mur de jardin percé d'une ouverture ronde par laquelle s'échappent des tiges de pivoines et de pêchers en fleur.

Diam., 23 cent.

7

394 — Quatre compotiers décorés de pêches et du
caractère *longévité* accompagné de chauves-
souris.

Diam., 24 cent.

395 — Assiette à bordure de lambrequins à fonds
partiels, mosaïques variées; au fond, dans un
médaillon bordé d'un filet vert festonné, un
groupe de fleurs et deux oiseaux.

Diam., 23 cent.

396 — Cinq assiettes à bordure de rinceaux fleuris;
au fond, dans un médaillon à encadrement fleuronné, paysage aquatique; au premier plan, une
femme debout et un enfant.

Diam., 23 cent.

397 — Cinq assiettes à bordure quadrillée brune à
quatre réserves de fleurs ; au fond, un groupe de
pivoines entourant une plante à grandes feuilles
à nervures dorées.

Diam., 225 millim.

398 — Cinq assiettes à marli décoré de grosses
fleurs nouées par des rubans ; au fond, un vase
fleuri.

Diam., 23 cent.

399 — Quatre assiettes décorées, sur le marli, d'une
bordure de fonds partiels mosaïques laissant
entre eux des intervalles losangés occupés par
des fleurs de nelumbo ; au fond, des tiges
fleuries de pivoines entourant un rouleau déployé
décoré d'un paysage.

Diam., 23 cent.

400 — Quatre assiettes à marli décoré d'une bordure
mosaïque bleue à quatre réserves, dont deux en
forme de fleur et deux à bord festonné encadrées d'un fond mosaïque rouge et or ; au fond,
rocher fleuri accompagné de deux vases remplis
de fleurs.

Diam., 225 millim.

401 — Deux assiettes à bord brun ; sur le marli, des
fleurs et des rinceaux ; au fond, une tige de
pêcher et des pivoines en fleur.

Diam., 22 cent.

402 — Huit assiettes décorées, sur le marli, de fleurs
et de fruits alternant ; au fond, des chrysanthèmes
et des fleurettes.

Diam., 225 millim.

403 — Trois assiettes à bord brun ; bordure de lambrequins à fonds variés et fleurs à rehauts d'or ; au fond, un groupe de fleurs, au milieu desquelles est un vase contenant des attributs.

Diam., 23 cent.

404 — Huit assiettes à bord brun et bordure de lambrequins à fond vermiculé décoré de fleurs, en partie cachée par un rouleau gris qui se développe dans le fond de l'assiette et montre un rocher entouré de pivoines.

Diam., 225 millim.

405 — Deux tasses à anse et un petit plateau à bord lobé, fond vermiculé d'or chargé de fleurs et fruits en couleurs, avec médaillons lobés de paysages avec personnages en bleu sous couverte.

PORCELAINES DU JAPON

406 — Statuette de femme japonaise debout, en longue robe à revers rouges, à rinceaux et fleurs d'or, et décorée de branches de chrysanthèmes en couleurs à rehauts d'or.

Haut., 45 cent.

407 — Deux statuettes analogues plus petites.

Haut., 35 cent.

408 — Très grand plat, fond bleu à rinceaux d'or ;
au bord, quatre médaillons lobés contenant des
animaux chimériques et alternant avec quatre
demi-chrysanthèmes armoriales ; au centre,
étoile à huit pointes formée par la réunion de
deux rectangles, et décorée d'un vase contenant
des bambous et des pivoines.

Diam., 61 cent.

409 — Petit plat décoré en bleu, rouge et or, et
émaux de la famille verte ; bordure à compartiments contenant alternativement des mosaïques,
des pivoines ornementales, des fleurs et des fruits
d'alkékenges ; au centre, une branche de pêcher
disposée en couronne. En dessous, une date
chinoise.

410 — Petit plat creux décoré en bleu sous couverte
et couleurs avec rehauts d'or ; au fond, une grande
rosace ; bordure à compartiments mosaïques
chargés de chrysanthèmes armoriales. Date chinoise : Si-ouen-te.

Diam., 23 cent.

411 — Deux plateaux à marli étroit, décorés en bleu sous couverte, couleurs et or; bordure arabesques; au fond, un dragon et un fong-hoang. Date chinoise : Si-ouen-te.

412 — Deux petits plats creux à marli étroit, décorés en bleu, rouge et or ; au fond, une grande chry-thème armoriale ; autour, des tiges fleuries de pivoines et de chrysanthèmes.

Diam., 2ı5 millim.

413 — Trois plats creux à bord lobé, décorés en bleu, rouge et or, large bordure de lambrequins ; au fond, un médaillon à encadrement fleuronné, contenant une femme debout et un axis.

Diam., 27 cent.

414 — Deux plats décorés en bleu, rouge et or ; sur le marli, des rinceaux fleuris; au fond, un vase contenant des pivoines et des chrysanthèmes.

Diam., 35 cent.

415 — Deux autres plus grands.

Diam., 39 cent.

416 — Cinq assiettes du même service.

Diam., 23 cent.

417 — Deux assiettes décorées en bleu, rouge et or ;
sur le marli, des lambrequins alternant avec des
groupes de fruits et de fleurs ; au fond, un rocher
fleuri.

Diam., 235 millim.

418 — Deux assiettes décorées en bleu foncé, rouge
et or, de larges lambrequins.

Diam., 215 millim.

419 — Deux compotiers décorés en bleu. rouge et or,
à large bordure de branches de pêcher fleuri,
chargées de trois médaillons lobés contenant des
poissons ; au centre, un vase contenant des
fleurs.

Diam.. 24 cent.

420 — Petite assiette à marli étroit et bordure verte,
piquetée de noir, à quatre réserves de fleurs ; au
fond, un coq sur un rocher, entouré de fleurs et
d'arbustes.

Diam., 21 cent.

421 — Trois petites assiettes à bord lobé, à bordure
de fleurs ornementales, coupée par deux fonds
partiels bruns noirâtres, à décor arabesques en

rouge et or; au fond, un vase de fleurs placé sur
un pied.

Diam., 195 millim.

422 — Bol hémisphérique à couvercle bombé, dont
le bouton est formé par un rouleau déployé,
accompagné de fleurs de pêcher en ronde bosse;
fond de rinceaux feuillus en bleu sous couverte,
à trois médaillons lobés en réserve, contenant
des chiens de Fô jouant avec des boules, en
rouge, vert et or.

Diam., 24 cent.

423 — Bol octogone couvert, à bord évasé, et son
plateau, fond bleu sous couverte, décorés en rouge
et or de fleurs et lambrequins; au fond du bol et
du plateau, un vase de fleurs.

Diamètre du bol, 15 cent.
Diamètre du plateau, 22 cent.

424 — Deux bols hémisphériques décorés en bleu,
rouge et or; au pourtour, des fleurs et des rou-
leaux déployés, décorés de vases et objets sacrés;
au fond, une rosace entourée de quatre grenades
ornementales.

Diam., 22 cent.

BRONZES D'ART

425 — Petit vase à verser, de forme surbaissée, en bronze, avec anse ornée d'une figurine et d'oiseaux en relief. Travail antique.

Haut., 19 cent.

426 — *Le Laocoon*, groupe en bronze de travail italien du xvıᵉ siècle, d'après l'antique.

Haut., 45 cent.; larg., 30 cent.

427 — Deux statuettes en bronze représentant, l'une, un guerrier debout et l'autre une figure de femme drapée posant le pied sur une tortue. Italie. xvıᵉ siècle.

Haut., 66 cent.

428 — Figurine de Minerve à demi couchée sur un tertre oblong en cuivre doré. xvııᵉ siècle.

Haut., 85 millim.; larg., 14 cent.

429 — Petit groupe de trois figures en bronze doré. La Vierge debout entre deux anges. xvııᵉ siècle.

Haut., 25 cent.

430 — Statuette de femme debout, vêtue d'une simple draperie, sur socle hexagone à trois pieds. Travail allemand du xvɪᵉ siècle.

Haut., 225 millim.

431 — Buste du roi Louis XV, grandeur plus que nature. Bronze du temps muni d'une patine brune.

Haut., 43 cent.

432 — Buste en bronze de Napoléon Iᵉʳ, d'après Chaudet, grandeur plus que nature.

Haut., 56 cent.

433 — Statuette en bronze, représentant un Satyre. Travail italien du xvɪᵉ siècle.

Haut., 20 cent.

434 — Statuette d'Hercule armé de la massue et appuyé sur un socle; bronze à cire perdue. Travail italien du xvɪᵉ siècle.

Haut., sans le socle, 35 cent.

BRONZES D'AMEUBLEMENT

435 — Grande pendule du temps de Louis XVI, modèle connu sous le nom de *la Liseuse*, figure de
femme bronzée, assise sur un socle oblong en
bronze doré, orné d'une grecque saillante. Le
mouvement est placé dans une cage aussi en
bronze doré surmontée d'une sphère.

Haut., 5o cent.; larg., 67 cent.

436 — Deux petits chenets du temps de Louis XIV,
en bronze, en forme de vase sur pied carré décoré de coquilles et de griffes de lion.

Haut., 3i cent.

437 — Deux flambeaux du temps de Louis XV, en
cuivre ciselé et argenté, modèle à feuilles et
ornements.

Haut., 25 cent.

438 — Deux flambeaux du temps de Louis XV, en
cuivre gravé et argenté, modèle rocaille.

Haut., 26 cent.

439 — Deux lampes de forme antique en bronze doré, modèle vase oblong à godrons surmonté d'une figure de vestale assise, en bronze à patine brune. Le bec se termine par un mascaron. Époque Louis XVI.

Haut., 35 cent.; larg., 35 cent.

440 — Deux flambeaux Louis XVI, en cuivre doré, à guirlandes de lauriers.

Haut., 25 cent.

441 — Deux brûle-parfums, en bronze doré et ajouré, montés sur pieds et à couvercle semi-hémisphérique surmonté d'une figurine de guerrier. Travail vénitien.

Haut., 40 cent.

MATIÈRES DURES

442 — GRANIT ROSE ORIENTAL. — Deux colonnes avec embases et chapiteaux ioniques en bronze ciselé et doré.

Haut., 2 m. 37 cent.

443 — GRANIT GRIS DE L'HELLESPONT. — Fût de colonne uni.

Haut., 1 m. 33 cent.

444 — GRANIT GRIS. — Grand vase à ouverture large
et sur piédouche, garni de festons de fleurs et de
mascarons en bronze ciselé.

Haut., 1 m. 10 cent.

445 — PIERRE D'ISTRIE. — Grande cheminée de style
Renaissance, avec bandeau et montants sculptés
en bas-relief à rinceaux, vases et attributs divers.
Travail florentin.

Largeur, environ 2 mètres.

446 — Trois mortiers en porphyre rouge oriental
variés de formes et de dimensions.

MEUBLES ET TAPISSERIE

447 — Meuble Renaissance, en bois de noyer finement sculpté, à cariatides de guerriers et fermant
à deux portes, offrant sous des arceaux ornés
les figures de Jupiter et de Junon. Il est posé sur
une table de même style à pieds tors.

Hauteur totale, 1 m. 80 cent.; larg., 1 m. 8 cent.

448 — Coffre oblong en bois d'ébène incrusté d'ornements en ivoire et de cabochons en cornaline. Italie, xvi° siècle.

Haut., 32 cent.; larg., 46 cent.

449 — Grand lit de style gothique en bois sculpté à ornements, feuillages, figures et animaux, et surmonté d'un dais décoré d'ornements découpés.

450 — Mobilier de salon composé de huit fauteuils en bois sculpté et doré couverts de tapisserie à médaillons, sujets de personnages incas encadrés d'ornements et de festons de fleurs. Les sièges présentent des médaillons d'oiseaux encadrés ''ornements et de fleurs.

451 — Petite tapisserie Renaissance formant tableau, représentant la Mise au tombeau, composition de huit personnages. Elle est rehaussée de parties tissées en fin et sa bordure se compose de fleurs et de fruits.

Haut., 1 m. 35 cent.; larg., 1 m. 45 cent.

TABLEAUX MODERNES

DE DREUX

(ALFRED)

452 — *Riche et pauvre.*

Une levrette, couverte d'un manteau en velours grenat armorié, passe auprès d'un chien à longs poils assis près de son maître aveugle.

Vers le fond, à droite, l'entrée d'une riche habitation.

Salon de 1845.

Toile. Haut., 75 cent.; larg., 90 cent.

DE DREUX

(ALFRED)

453 — *Chien et chat.*

Pendant du précédent.

Un chien terrier est entré dans une écurie, poursuivant un chat qu'il fixe du regard, l'excitant à l'attaque ; le matou, en partie caché dans une niche, les oreilles baissées, montre ses griffes, paraissant disposé à se défendre.

Salon de 1845.

Ces deux tableaux ont été gravés par Cottin.

Toile. Haut., 75 cent.; larg., 90 cent.

DIAZ

(NARCISSE)

454 — Le Décaméron.

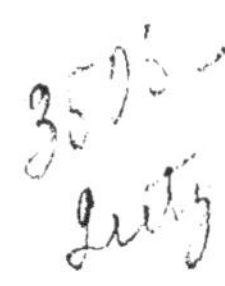

Les dames et les jeunes gens, vêtus d'élégants costumes de l'époque, sont groupés dans un beau paysage. Un couple, assis au premier plan, regarde deux pigeons que surveillent deux petits amours.

Importante composition, signée sur la gauche et datée 1865.

Haut., 5o cent.; larg., 6o cent.

DIAZ

(NARCISSE)

455 — Femme turque.

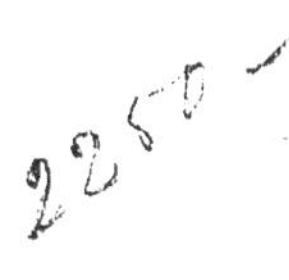

Assise sur un banc de pierre dans un jardin, un fichu en mousseline blanche autour de la tête, veston en velours bleu brodé d'or, large jupon rosé.

Signé à droite.

Bois. Haut., 34 cent.; larg., 24 cent.

8

DIAZ

(NARCISSE)

156 — Intérieur de forêt.

Le soleil, perçant le feuillage, projette une lumière au centre éclairant légèrement le tronc des chênes et les anfractuosités des rochers sur le sol.

Signé à droite.

Bois. Haut., 42 cent.; larg., 54 cent.

FEERLINCK

157 — Animaux dans ia campagne de Rome.

Sur le devant, deux bœufs au repos ; à gauche, un cheval et deux chaumières près desquelles un berger est endormi.

Signé et daté : Rome, 1824.

Toile. Haut., 75 cent.; larg., 1 mètre.

FLEURY-CHENU

458 — L'Accident.

Dans une plaine couverte de neige, le ciel obscurci laissant apercevoir le soleil rougeâtre, des villageois sont occupés à dételer, d'une charrette couverte d'une bâche, un vieux cheval qui, ayant glissé sur la neige, est étendu sur le sol. Un homme, vêtu d'un pardessus bleu à capuchon, est debout, les mains dans ses poches.

Toile. Haut., 76 cent.; larg., 1 mètre.

FROMENTIN

(EUGÈNE)

459 — Arabes sur leur terrasse.

Belle peinture de la première manière de l'artiste.

Signé à droite : Eug. Fromentin.

Alger 1853.

Toile. Haut., 56 cent.; larg., 85 cent.

GUÉ

460 — *Village suisse.*

Signé et daté 1830.

Toile. Haut., 50 cent.; larg., 60 cent.

ISABEY

(EUGÈNE)

461 — *La Femme adultère.*

La scène se passe dans un riche intérieur du temps de Louis XIII, auprès d'un lit à baldaquin et grand rideau de soie jaune.

Un mari a surpris sa femme avec son amant, ils ont tiré l'épée ; l'amant mort est étendu sur le sol, la jeune femme agenouillée paraît implorer son pardon ; sur la gauche, une table servie où se trouvent les restes d'un repas.

Toile. Haut., 41 cent.; larg., 63 cent.

ISABEY

(EUGÈNE)

462 — *Plage à marée basse.*

Des maisons, construites sur de vieux rem-
parts, s'élèvent sur la droite ; plusieurs
bateaux de pêcheurs attendent la marée
haute ; quelques matelots sont occupés à
déplacer une barque de pêche qu'ils font
glisser sur le sable.

Ce tableau, signé dans le coin, à droite,
porte deux dates, 1850 et 1862.

Toile. Haut., 45 cent.; larg., 34 cent.

MELLIN

463 — *Chiens de chasse en arrêt.*

Signé et daté 72.

Toile. Haut., 21 cent.; larg.. 26 cent.

MULLER

(CARLE)

464 — *L'Automne.*

Sous les traits d'une jeune femme couronnée de pampres et tenant une coupe.

Toile ovale. Haut., 90 cent.; larg., 75 cent.

SCHOPIN

(H.)

465 — *Fleur de Marie et Rodolphe.*

Scène tirée du roman d'Eugène Sue : *les Mystères de Paris.*

L'artiste les a représentés dans la campagne, la jeune fille assise tenant quelques fleurs des champs, Rodolphe debout, un pied posé sur un tronc d'arbre, couvert d'une blouse blanche ; il se penche vers la jeune fille qu'il écoute d'un air soucieux et pensif ; au second plan, un fiacre les attend.

Signé et daté 1843.

Toile. Haut., 65 cent.; larg., 30 cent.

TROYON

(Attribué à C.)

466 — *Bœuf au pâturage.*

Étude.

Bois. Haut., 16 cent.; larg., 25 cent.

WASHINGTON

(GEORGES)

467 — *Retour d'une razzia; — Oued R'hir (Afrique).*

Des Arabes suivis de leurs bestiaux se pressent à l'entrée d'une porte voûtée, flanquée de deux tours à créneaux que dominent les branches de quelques palmiers ; au centre, des chameaux ; sur un d'eux, des femmes sont installées dans un palanquin ; en avant, un soldat portant un drapeau est monté sur un cheval qui se cabre.

Œuvre importante de l'artiste.

Salon de 1876.

Toile. Haut., 1 m. 44 cent.; larg., 2 mètres.

ZIEM

468 — *Caravane sortant du Caire.*

Une caravane quitte la ville du Caire que l'on aperçoit vers le fond; les uns, montés sur des chameaux, portant des étendards, sont suivis de leurs femmes et de leurs enfants; en avant, une femme montée sur un buffle; un peu sur la gauche, une négresse, couverte d'une tunique bleue, portant sur la tête une corbeille dans laquelle elle a mis son enfant.

Composition importante de l'artiste, signée et datée 1860.

Toile. Haut., 78 cent.; larg., 1 m. 45 cent.

ZIEM

469 — *Pont en ruine, aux environs de Venise.*

Bois. Haut., 28 cent.; larg., 40 cent.

TABLEAUX ANCIENS

CRANACH

(SUNDER dit LUCAS)

470 — *Portrait d'homme.*

Vu à mi-corps, coiffé d'une toque, la tête de trois quarts tournée à gauche, barbe légère, vêtement bleu foncé attaché au cou par une agrafe d'or; les mains croisées à la ceinture.

Fond de paysage.

Très beau portrait. Sur le cadre, une inscription de l'époque indiquant le nom et l'âge du personnage.

Bois. Haut., 65 cent.; larg., 45 cent.

CRANACH

(SUNDER dit LUCAS)

471 — *La Charité.*

Assise dans un paysage, au pied d'un oranger portant ses fruits ; quatre enfants sont auprès d'elle, le plus jeune assis sur ses genoux ; elle lui donne le sein ; un autre debout, derrière la jeune femme, joue avec les colliers qui ornent son cou.

Œuvre importante de l'artiste.

Bois. Haut., 1 m. 20 cent.; larg., 75 cent

DE MARNE

(LOUIS)

472 — *Intérieur de corps de garde.*

Deux officiers, assis devant une table, jouent aux cartes ; près d'eux, deux jeunes femmes, l'une debout leur versant à boire ; au second plan, deux soldats, paraissant en faction, causent à la porte du corps de garde qui est installé dans une église gothique.

Charmant petit tableau, de la plus fine qualité de l'artiste.

Bois. Haut., 18 cent.; larg., 25 cent.

DE MARNE

(LOUIS)

473 — *Le Canal.*

Des hommes sont occupés à décharger des bateaux ; une charrette, attelée de bœufs, attend sur le quai de droite ; plus loin est une construction à large porte voûtée. Sur la gauche, de grands arbres ; une paysanne court vers un bateau qui va traverser le canal et dans lequel est déjà une femme avec des chèvres.

Toile. Haut., 5o cent.; larg., 6o cent.

DE MARNE

(LOUIS)

474 — *L'Abreuvoir.*

Un berger et une bergère se reposent auprès d'une mare, ayant près d'eux un âne, un cheval et une vache.

Bois. Haut., 2o cent.; larg., 25 cent.

FRANCK

(DOMINIQUE)

475 — *Triomphe de Bacchus.*

Importante composition, animée par une multitude de personnages.

Cuivre. Haut., 52 cent.; larg., 73 cent.

GÉRICAULT

(TH.)

476 — *Portrait d'homme.*

En buste, la tête de trois quarts tournée à gauche, barbe et cheveux bruns.

Belle peinture, ayant le caractère des maîtres italiens du XVII° siècle.

Toile. Haut., 41 cent.; larg., 34 cent.

HOLBEIN

(Attribué à)

477 — Portrait d'un vieillard.

Vu à mi-corps, de face, coiffé d'une toque, vêtement noir à revers de fourrures et manches en velours grenat ; il tient ses gants et un chapelet.

Bois. Haut., 5o cent.; larg., 4o cent.

OUDRY

(Attribué à J. B.)

478 — Singe et chien.

Un singe dans un parc, auprès d'un socle de pierre, tenant une branche de cerises, est surpris par un chien qui le menace ; au-dessus, deux perroquets, l'un perché sur un vase de marbre, l'autre sur une branche.

Dans le fond, une fontaine.

Toile. Haut., 1 m. 35 cent.; larg., 1 m. 5 cent.

RUBENS

(P. P.)

479 — *Tête de vieillard.*

Longue barbe blanche, collerette plissée; fond de ciel.

Fragment d'un tableau de Rubens.

Bois. Haut., 3o cent ; larg., 22 cent.

SARAZIN

480 — *Paysage agreste.*

Il est coupé par un cours d'eau ; au centre, des arbres brisés ; sur le devant, un pêcheur, la ligne en main.

Bois. Haut., 61 cent.; larg., 85 cent.

SEGHERS

(DANIEL, dit le Jésuite d'Anvers)

481 — *Guirlande de fleurs.*

Au centre, l'Annonciation; au-dessus, trois petits anges.

Signé du monogramme, daté 1642.

Toile. Haut., 98 cent.; larg., 73 cent.

TAUNAY

482 — *Bataille.*

Un cavalier, dont le sabre est brisé, est saisi et enlevé de sa monture; sur la gauche, des soldats armés de piques s'élancent vers lui.

Toile. Haut., 44 cent.; larg., 95 cent.

TAUNAY

483 — *Saint Jérôme.*

Le saint est dans un site sauvage, entouré de rochers ; près de lui passe un cours d'eau ; le lion est à sa gauche.

Toile. Haut., 66 cent.; larg., 82 cent.

VALLAYER-COSTER

(Mme)

484 — *Figure allégorique.*

Jeune femme vue à mi-corps, vêtue d'une robe blanche, une couronne de fleurs dans les cheveux ; elle est accoudée sur un livre posé sur un piédestal où se trouve l'inscription suivante :

Ses maux et ses plaisirs ne sont connus que d'elle.

Signé.

Toile. Haut., 45 cent.; larg., 40 cent.

VAN LOO

(Attribué à CARLE)

485 — Six toiles ovales.

Têtes de jeunes femmes figurant les Muses.

Toile. Haut., 47 cent.; larg., 40 cent.

VLEUGHEL

486 — *Sujet mythologique.*

Représentant Neptune dans un paysage, poursuivant une nymphe qui se réfugie dans les bras de Minerve.

Cuivre. Haut., 35 cent.; larg., 5o cent.

ÉCOLE ALLEMANDE

487 — *Saint Jérôme.*

Agenouillé dans un paysage, feuilletant un livre, son lion et un sablier placés devant lui ; à droite, son manteau et son chapeau de cardinal. Fond de paysage accidenté avec figures, animaux et constructions.

Bois. Haut., 1 m. 5 cent.; larg., 98 cent.

ÉCOLE ALLEMANDE

488 — *Portrait du Grand Frédéric.*

Debout, vu à mi-corps, le tricorne sur la tête, il porte un habit bleu à riches broderies d'argent et le manteau royal. Sur la droite, des attributs guerriers.

Fine peinture sur cuivre.

Haut., 51 cent.; larg., 37 cent.

ÉCOLE FRANÇAISE

486 — *Portrait d'homme.*

Vu à mi-corps, il porte un habit grenat avec collerette plissée et joue du tambour de basque.

Toile. Haut., 80 cent.; larg., 65 cent.

ÉCOLE FRANÇAISE

490 — *Femme et enfants à une fontaine.*

Toile. Haut., 34 cent.; larg., 24 cent.

ÉCOLE FRANÇAISE

491 — *Les Nymphes endormies.*

Beau dessus de porte, d'après F. Boucher.

Toile. Haut., 45 cent.; larg., 1 m. 4 cent.

ÉCOLE FRANÇAISE

492 — *Le Lever*.

Toile. Haut., 1 m. 2 cent.; larg., 68 cent.

ÉCOLE FRANÇAISE

493 — *Tête de vieillard*.

De profil, tournée à gauche.

Toile ovale. Haut., 45 cent.; larg., 35 cent.

ÉCOLE VÉNITIENNE

494 — *La Vierge, l'Enfant Jésus, saint Joseph et sainte Catherine*.

Bois. Haut., 47 cent.; larg., 70 cent.

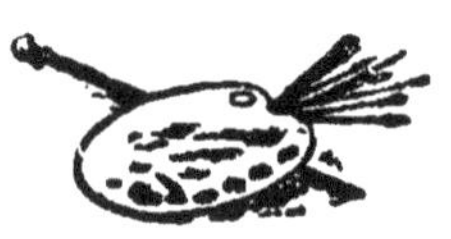

www.ingramcontent.com/pod-product-compliance
Ingram Content Group UK Ltd.
Pitfield, Milton Keynes, MK11 3LW, UK
UKHW031849170726
13836UKWH00004B/1983